NOTICE

SUR

LA VILLE DE BÉTHUNE,

Par M. FÉLIX LEQUIEN.

BÉTHUNE.

Imprimerie de Mme Ve DE SAVARY, Libraire.

1838.

NOTICE.

NOTICE

SUR

LA VILLE DE BÉTHUNE,

Par M. Félix LEQUIEN.

BÉTHUNE,

Imprimerie de Mme Ve De Savary, Libraire.

1838.

PRÉFACE.

L'auteur de cette Notice, en compulsant les manuscrits que renferment les archives de Béthune, n'avait que le projet de parvenir à les classer. L'étude de ces manuscrits, entreprise dans le but d'écrire l'histoire de cette ville, aurait nécessairement pour résultat une importante série de documens, qui ont dû échapper à des recherches, n'ayant même pas pour objet la publication d'une simple Notice. En livrant à l'impression son travail, M. Félix Lequien n'a fait que céder aux vœux que lui ont exprimés plusieurs personnes, désireuses de trouver réunies, dans une brochure, quelques notions sur l'origine de Béthune et sur les principaux événemens qui y ont eu lieu anciennement. Le seul mérite de cet opuscule, qui n'est guère autre chose que le relevé d'extraits faits sur des lectures toujours rapides et souvent interrompues, sera, en effet, de mettre à même ceux que les renseignemens contenus dans cette Notice peuvent intéresser, de les obtenir sans prendre la peine de déchiffrer les écritures des treizième et quatorzième siècle, et de feuilleter de nombreux manuscrits dans lesquels sont épars, au milieu des relations les plus insignifiantes, quelques documens plus ou moins précieux pour l'histoire de Béthune.

NOTIONS SOMMAIRES
sur l'Artois.

I.

Les plus anciens peuples connus, qui ont habité l'Artois, sont les *Atrébates* et les *Morins*. Le canton des Atrébates était borné à l'orient par l'Escaut, au couchant et au midi par les Ambianois et les peuples de Vermandois, et au nord par les Morins, dont le pays comprenait le Ponthieu et les côtes de la mer depuis Boulogne jusqu'à Ypres. On distinguait trois sortes d'Atrébates: les premiers, depuis Douai jusqu'à Valenciennes, se nommaient *Astrebantes* et étaient renfermés dans le pays appelé l'*Ostrevant:* les seconds occupaient le terrein qui s'étend depuis Arras jusqu'à Bapaume et s'appelaient *Adaretenses:* les troisièmes, depuis Arras jusqu'à la Lys, conservaient le nom d'*Atrébates.*

La principale ville de ces pays était Arras, anciennement appelée *Origiacum, Nemetacum*, et plus tard, vers le troisième ou le quatrième siècle, *Atrebatum*. Louis XI, après en avoir expulsé les habitans, lui imposa le nom de *Franchise*, qu'elle ne conserva que peu de temps.

César soumit cette province avec toutes les Gaules qu'il divisa en trois parties: la Gaule *Aquitaine* au-delà de la Loire, la Gaule *Celtique* entre la Loire, la Seine et la

Marne, et la Gaule *Belgique* entre ces deux dernières rivières, le Rhin et la mer.

L'empereur Auguste subdivisa en trois autres parties la Gaule Belgique: en *Belgique* proprement dite, qui était la partie occidentale jusqu'à la Moselle, en *Germanie supérieure*, dont la capitale était Mayence, et en *Germanie inférieure*, dont la capitale était Cologne.

Sous Constantin, cette division fut remplacée par celle du pays dont Trèves était le chef-lieu et du pays comprenant l'Artois, dont la capitale était Rheims.

Les Francs, sous l'empereur Valentin, firent une irruption dans les Gaules. Clovis soumit entièrement ces pays : son royaume fut, à son décès, partagé entre ses quatre fils; à Clotaire échut, en 511, le royaume de Soissons, dont l'Artois fit partie.

Bauduin, dit *Bras-de-Fer*, l'un des grands forestiers qui gouvernaient la Flandre, dans

ORIGINE DE BÉTHUNE,
ses établissemens.

II.

Dans les années 1137, 1176, 1347, 1447 et 1545, de désastreux incendies éclatèrent dans Béthune. Les édifices de cette ville étaient alors en bois et formaient des rues très étroites; on conçoit quels durent être les ravages du feu. Une chartre de 1448 signale les incendies de 1137 et de 1447 comme ayant complètement détruit la ville, de sorte que nos chartres antérieures à cette dernière époque, ne sont que quelques débris échappés à ces catastrophes. Aux difficultés qui se rencontrent ordinairement pour remonter avec quelque certitude à l'origine des anciennes fondations, se joint donc la perte des documens qui pourraient nous éclairer dans la recherche de l'époque et des circonstances de la fondation de Béthune.

Réduits aux conjectures, quelques historiens ont dit que Béthune avait commencé à se peupler vers 1025. Ils ont attribué sa fondation à Robert *dit Faisseux*. Suivant eux, les terres qui composaient ce domaine furent données à ce seigneur par un comte de Flandre. Il ne peut en avoir été ainsi, car une chartre relate, à la date de 999, la fondation, par ce même Robert, d'un collége de chanoines à Béthune, ce qui doit faire supposer à cette ville une certaine consistance dès cette époque. Il résulte encore d'anciens manuscrits, que dès 970 le château fort de Béthune mettait cette ville *en une importante considération*, et que l'église de St.-Vaast qui existait dans le faubourg de Catorive, sur l'emplacement de notre cimetière actuel, a été fondée en 940 par la piété d'Herman, alors seigneur de Béthune. Cette église que des murailles et des bastions entouraient, pour la protéger contre les excursions et les attaques alors fréquentes des gens de guerre, ne disparut qu'en 1533, époque où Charles-Quint la fit reconstruire dans l'intérieur de la ville. Tout porte donc à croire que, dès le neuvième siècle, Béthune était peuplée, et que dans les premières années du siècle suivant, cette ville était constituée en état de communauté, sous un seigneur direct, dont la puissance n'était pas sans importance, car une ancienne chronique dit, en parlant de cette seigneurie, qu'elle était *grands pooirs et belle terre*. Cette importance devint même telle, qu'à l'instar des rois, les seigneurs de Béthune prirent des surnoms tirés de leurs habitudes ou de leur physique, et s'intitulèrent dans leurs chartres: *Seigneur de Béthune par la grâce de Dieu.* Ils portaient le titre *d'avoué* d'Arras, qui correspond à celui de *protecteur;* leurs sceaux représentaient un chevalier tout bardé de fer, tenant une épée nue d'une main, de l'autre un écusson aux armes de cette seigneurie. Ces armes, dont l'écusson a varié, étaient supportées par deux hercules et surmontées d'un paon et de cimiers parsemés de fleurs de lys en or; elles décoraient le dessus de la porte des Fers, aujourd'hui d'Arras; ces seigneurs étaient enfin en possession d'un droit tout régalien, celui de battre monnaie à leur effigie. Cette monnaie s'appelait *monnoye de Béthune ;* il en est encore question dans des chartres du 15e siècle.

Selon les historiens, le nom de cette ville se tire des mots *Bei Thunen*, qui signifient, en langage Teuton, un lieu voisin de vergers, de forêts. Dans les chartres latines on l'appelle BITHUNIA, BITHUNA, BETHONA, BETHUNIA; les Flamands la nommaient BÉTHUNEN et les Anglais BÉTHUN et BÉTHON.

Cette ville était anciennement plus considérable en étendue qu'elle ne l'est actuellement ; Charles-Quint notamment en fit rétrécir l'enceinte du côté du bastion des Récolets; d'autres, avant lui, avaient dû en faire autant, car un ancien historien dit de Béthune: *Cette ville est grande d'enceinte, peuplée et marchande; les murailles qui la renferment sont faites de grès tirés des carrières du pays, remparées de terre et flanquées de boulevards et de bastions.*

Les états généraux d'Artois s'y tinrent en

1578 et de 1635 à 1640. Cette ville possédait des fabriques de drap et de soie; plusieurs ordonnances parlent de la corporation des drapiers, des fouleurs de drap et des peigneurs de laine. Il y avait une halle aux draps très-spacieuse. D'autres ordonnances règlent la largeur, la longueur et le prix des satins, le salaire des teinturiers de satins. La vigne paraît aussi avoir été cultivée dans nos environs, ce dont on ne s'étonnera pas, en se rappelant que la ville d'Amiens a concouru, pour fournir à la table de nos rois, les vins de son crû, et que le défrichement des forêts qui couvraient ce pays en a dû changer le climat. Béthune avait une rue et une porte du nom *de la Vigne*; la cloche du couvre-feu s'appelait *la cloche des Vignerons*. Diverses ordonnances des échevins, dont une notamment à la date du 11 novembre 1499, règlent le prix de différens vins; celui du pays, pour la récolte de l'année, est fixé à 16 florins le lot.

Nous rendrons compte avec quelques détails d'une ordonnance des échevins, prévôt et mayeurs de Béthune, ne remontant qu'à trois siècles environ, pour faire voir, d'une part, combien de branches de commerce formant alors corporation dans cette ville y florissaient, et d'autre part, quel était l'éclat de ses fêtes religieuses.

La procession de la Pentecôte attirait annuellement à Béthune un grand concours d'étrangers. Plusieurs mois à l'avance, les échevins portaient une ordonnance ayant pour but de prévenir les accidens qui pouvaient résulter d'une grande affluence de monde, et de régler l'ordre de la procession. Celle qui eut lieu le dix-huitième jour du mois de mai 1562 fut remarquable. La plupart des corporations rivalisèrent de zèle et d'efforts, pour ajouter à son éclat ordinaire par des spectacles de nature à justifier l'empressement de cette innombrable quantité d'étrangers qui, dès la veille, avaient envahi la ville. Il avait été fait expresses défenses de s'arrêter dans les rues sous quelque prétexte que ce fût, chacun étant averti de se rendre au premier coup de cloche de l'église de St.-Barthélemy, à la suite des clergés, des magistrats et des hallebardiers, de manière à jouir des nombreux spectacles qui devaient se représenter. On assurait que chacun des jeux se continuerait jusqu'à ce que la procession fut entièrement passée; et la foule fut telle, que les derniers assistans se voyaient encore de l'église de St.-Barthélemy dans la rue du Marais, quand après plusieurs heures de marche à travers toutes les rues de la ville, la tête de la procession rentrait dans cette église. Il y eut trente-deux mystères, ayant chacun deux scènes, vis-à-vis desquels défila la procession. Voici le programme tel que le donnait l'ordonnance des échevins.

Premier mystère: *L'Annonciation* aura, pour première scène, Eve et le Serpent, et pour seconde figure, Adam à genoux devant l'ange armé, que feront les Brindeliers devant la maison de M. de la Bouillon, près la porte des Marais.

Secondement: *La Nativité*. 1re figure, Dieu au buisson ardent et Moïse en berger entouré de ses brebis; 2e figure, la verge d'Aaron fleurnée sur un autel entre plusieurs non fleurnées; Moïse et Aaron aux deux bouts de l'autel, et doit Aaron quelquefois prendre un encensoir de la main de Moïse et encenser l'autel, par les papetiers à la porte de derrière de la maison de François Fasson.

Troisièmement: *La Circoncision*. 1re figure, la circoncision d'Isaac par Abraham, et la seconde, celle d'Eliézer, second fils de Moïse par la femme de Moïse nommée Séphora. Moïse en pèlerin à l'angle au-devant d'elle, tenant une épée nue, comme veillant sur Séphora assise, tenant son enfant nu sur son giron et ayant à la main une pierre aiguisée, ce que feront les cuisiniers et taverniers devant la maison de la veuve de Pierre Monpert.

Quatrièmement: *L'adoration des trois rois.* 1° le couronnement de David; 2° la reine de Saba, que feront les cordonniers.

Cinquièmement: *La Purification.* 1° L'oblation de Samuël, petit enfant, au temple par sa mère; 2° la reconduction de l'arche, portée sur un chariot attelé de deux vaches. David au-devant, vêtu de linges de lin retombant sur sa harpe, avec plusieurs autres joueurs d'instrumens, que feront encore les cordonniers.

Sixièmement: *La fuite de Jésus en Egypte.* 1° David, poursuivi par une horde de soldats, frappe à la porte; 2° la fuite de Jacob en Mésopotamie, par les coustumiers en la rue de l'Hermitage.

Septièmement: *Les innocens.* Première scène servant aussi de seconde à cause de sa grandeur: la nativité de Moïse avec l'immersion des petits Hébreux en Egypte, ce que feront les selliers et gorliers en la rue des Roseaux.

Huitièmement: *La dispute au temple.* 1° Le retour de Jacob avec ses jeunes enfans de Mésopotamie; 2° le jugement de Salomon, par les grainetiers.

Neuvièmement: *La conversion.* 1° La conversion de David par Nathan; 2° celle de Ninive par Jonas, que feront les poissonniers.

Dixièmement: *La fustigation du Christ.* 1° La fustigation de l'enfant par Héli; 2° la fustigation au sépulcre du prophète, ce que feront les pélerins de St-Jacques, à la porte du Carnier.

Onzièmement: *L'entrée du Messie à Jérusalem.* 1° L'assiégement de la tour de Jérusalem par Achimelech, ses capitaines et ses soldats, ayant chacun une branche de mai; 2° l'entrée de David après sa victoire de Goliath, par les marchands de grains, devant la porte de M. de Langastre.

Douzièmement: *L'expulsion des marchands du temple* 1° L'expulsion de tous les aveugles et boiteux hors du temple par l'ordonnance de David; 2° la flagellation de Théodore qui butinait le temple, par un ange tout armé et deux autres ayant chacun un fouet à la main, par les drapiers, devant la ruelle de St -Vaast.

Treizièmement: *La vendition de Joseph.* 1° La vendition de Joseph par ses frères; 2° la trahison de Samson par Dalila, par les pourpointiers, devant la maison de Nicolas Brogniart.

Quatorzièmement: *La Cène.* 1° Le sacrifice de Melchisedech pour la victoire d'Abraham; 2° la manne du ciel, par les maçons, devant la rue de Bourgogne.

Quinzièmement: *L'oraison de monseigneur Jésus au jardin des Oliviers.* 1° La prière de Moïse en la montagne, les bras étendus et soutenus par des anges en appelant d'autres se jouant au pied du mont Sinaï; 2° Ezéchiel le prophète priant Dieu contre la tyrannie de Jézabel, par les porteurs au sac, devant le Bar de mer.

Seizièmement: *La prière de Jésus.* Le meurtre d'Amasa par Joab avec un baiser, par les porteurs au sac, devant les Pastureaux.

Dix-septièmement: *Jésus mené devant Anne* 1° Noé mocquié de son fils Cham; 2° Thérèse mocquiée par les petits enfans mangés par les lions et ours, que feront les tailleurs et fripiers devant la Vignette.

Dix-huitièmement: *Jésus mené devant Ca-*

iphe. 1° Caïphe et sa paillarde qui le soufflette; Dieu ôtant et remettant sa couronne; 2° Michée souffleté en présence de Josaphat et d'Achab, par les barbiers, devant le Constantin, et aussi Judas pendu. Pour figurer le pendu, les tourneurs feront une belle image en bois.

Dix-neuvièmement: *Jésus devant Pilate.* 1° L'accusation de Joseph par sa maîtresse devant le Roi; 2° Jonathas délivrant David des mains de Saül, par les bouchers devant la maison de la veuve Delfosse.

Vingtièmement: *Jésus devant Hérode.* 1° Hanon le fils du roi Naas se mocquiant des serviteurs de David, lequel les lui avait envoyés pour le consoler sur la mort de son père; il leur fait raser la barbe et couper les robes jusqu'aux fesses, par les bouchers devant la porte de la Vigne.

Vingt-unièmement: *Jésus battu de verges et couronné.* 1° Les Machabéens battus par Antiochus avec des nerfs de bœuf; 2° la reine couronne Salomon, par les ferronniers, orfèvres, estaminiers et taillandiers en la rue des Trois-près-St-Jehan.

Vingt-deuxièmement: *Ecce homo.* 1° Les frères de Joseph le montrant au doigt, disant: *voici le songeur;* 2° Le prophète Jérémie assis et enchaîné bras et jambes, un Juif le montrant au doigt par dérision, par les arquebusiers, en la rue des Fers.

Vingt-troisièmement: *Pilate battant des mains au porteur de la croix.* Isaac portant son bois, par les merciers en la rue des Bordeliers, avec Isaac que feront les couvreurs de tuiles entre le porteur de la croix et le crucifiement; le couronnement de Dieu se fera par la foule, en la rue Poterne.

Vingt-quatrièmement: *Le Crucifiement.* 1° Immolation d'Isaac; 2° Le serpent d'airain, par les taillandiers et marchands de satins, devant la maison de Joseph Julludes.

Vingt cinquièmement: *Le Limbe.* 1° Samson emportant les portes de Gaza; 2° Joseph expliquant les songes dans la prison, que feront les chaudronniers.

Vingt-sixièmement: *La descente de la croix.* La descente du corps de Saül par ses sujets avec son fils Jonathas, par les lingers devant le marché aux poissons.

Vingt-septièmement: *Le sépulcre.* 1° Jonas mis en la baleine; 2° Joseph jeté au puits à Marne, par les journiers et marniers, devant la maison de Baudelat.

Vingt-huitièmement: *La résurrection:* 1° L'exaltation de Joseph en Egypte; 2° Jonas hors de la baleine, par les fouleurs de draps, tisserands et peigneurs de laine, devant la grande Étoile.

Vingt-neuvièmement: Les pélerins arrivant de Terre-Sainte, Jehan Tastelain, Machon, Meurice et autres, leurs consors, pélerins de St.-Jacques, devant le chœur du chapitre.

Trentièmement: *L'ascension.* 1° Elie de par Dieu enlevé au Ciel; 2° Elie ramené en chariot et en l'air, Élisée agitant son manteau, par les marchands de bois, charpentiers et menuisiers, devant la maison de Robert Bocye.

Trente-unièmement: *Le St.-Esprit.* La dation de la loi; Moïse sur la montagne, avec éclairs et tonnerre, le peuple tombant à genoux, les mains jointes, par les eswards, devant la maison de Mme de Kezerque.

Trente-deuxièmement: *Le jugement.* 1° Le roi qui compte avec ses serviteurs; 2° le banquet de Jehan, par les wantiers, en avant de la ruelle St.-Vaast, près la porte d'Antoine Lepetit.

La procession qui avait eu lieu, l'année précédente, 1561, avait été non moins remarquable par le nombre des mystères qui y avaient été représentés. On y avait vu entr'autres, le combat à outrance de l'ange et du diable, pour qui emporterait les âmes du bon et du mauvais larron.

Ces processions dégénérèrent singulièrement: car dès 1723, nous trouvons dans les comptes de la ville, que l'on avait recours, pour ces sortes de solennités, à des joueurs de violon, de hautbois et d'autres instrumens, dont les talens réunis n'étaient prisés qu'à la somme de 3 livres 10 sous, et que les communautés religieuses elles-mêmes n'assistaient à ces cérémonies que moyennant rétribution fixée, pour les capucins, à une somme de 53 livres, pour les pères récolets, à celle de 40 livres et pour chacun des couvents de filles, à 9 livres.

L'ordonnance que nous venons de transcrire fait voir que plusieurs rues de cette ville ont été depuis supprimées, et qu'une foule d'autres ont changé de noms; ainsi notamment, la rue des Roseaux qui était voisine de la porte du Marais a disparu de même que cette porte, dont les pères capucins étaient les gardiens et à laquelle on donnait quelquefois leur nom. La rue de Bourgogne qui, des environs du bar de mer, retombait dans la rue du Rivage, alors nommée rue de la Vigne, a aussi disparu; la porte du Rivage s'appelait la porte de la Vigne, elle fut reconstruite en 1558. La rue des Trois-près-St.-Jéhan, aboutissant des environs de la place à la rue des Fers, et la rue des Bordeliers, conduisant de cette rue des Fers à celle de St.-Pry, ne se retrouvent plus davantage. La porte du Carnier, auparavant de St.-André, reconstruite en 1495, a été remplacée par la porte Neuve; la ville a acquis en 1588 le terrain nécessaire pour l'établissement de cette porte. La porte et la rue d'Arras s'appelaient porte et rue des Fers. La rue du Collége s'appelait la Froide rue et plus tard des Jésuites ; celle de la Grosse-Tête était la rue de l'Engannerie ;

celle des Treilles portait le nom de rue de la Treille dans sa partie du côté de la rue des Fers, et l'autre partie s'appelait rue des Trois-Vertes-Têtes, puis de la Croix-St.-Barthélémy. La rue du Pot-d'Etain était la rue de l'Estain. La rue Neuve a remplacé la rue Fouache supprimée en 1693, malgré l'opposition des bourgeois, sur la demande de la communauté religieuse, propriétaire des terrains qu'elle traversait. La rue des Petits-Becquereaux était la ruelle St.-Vaast. La rue Basse, rue du Cimetière de St.-Barthélémy. La rue de la Calandre, rue du Pilart, nom que portait, dans l'intérieur de la ville, la rivière à laquelle elle aboutit. La rue du Tribunal était la rue des Dames de la Paix. La rue de l'Esplanade, rue du Château. Le faubourg de Catorive s'appelait le faubourg de St.-Vaast.

Ce fut Robert VII qui, en 1230, entoura la ville de murailles et de fossés, avec sept grosses tours servant de bastions. L'une d'elles subsistait encore dans le 17e siècle après les travaux de Vauban. Le château fort, qui était anciennement la résidence des seigneurs de Béthune, a dû être construit dans les premiers temps de la fondation de cette ville; car Daniel, l'un de ces seigneurs, fils de Guillaume-le-Roux, rebâtit en 1216 ce château, *bellis et vetustate deficiens*, dit une ancienne chronique. Il existait encore en 1710, lorsque les Hollandais assiégèrent et prirent Béthune ; ils en déconstruisirent la partie faisant face à la ville, le surplus ne disparut qu'à la révolution: son emplacement forme notre esplanade. Sa configuration était un bâtiment carré renfermant une cour spacieuse et flanquée à chacun de ses angles extérieurs d'une grosse tour avec plate-forme. La porte d'entrée du château et son pont-levis étaient resserrés entre deux hautes tourelles surmontées d'une flèche.

Nos établissemens militaires étaient nombreux: on en comptait trente et un consistant en casernes, pavillons, cavaliers avec logemens, salles d'armes, magasins à poudre, manége, etc. Béthune, comme place de guerre, est de quatrième ordre. La plus belle partie de ses fortifications est due au maréchal Vauban; son neveu fut long-temps gouverneur de cette ville, ce fut lui qui la défendit en 1710.

Nos édifices publics étaient la halle échevinale, le beffroi, la gouvernance, la halle aux draps, des églises, couvens, chapelles et un assez grand nombre de propriétés consacrées à des usages publics.

La halle échevinale était l'un de nos monumens les plus anciens; il fut reconstruit plusieurs fois, notamment après les incendies de 1137 et 1447: c'est notre hôtel de ville.

Le beffroi fut édifié en 1346, en vertu d'une chartre par laquelle Eudes, duc de

Bourgogne, et Jeanne de France en octroyèrent aux bourgeois le droit. Cette construction, d'une architecture assez originale et assez gracieuse, s'élevait au milieu du grand marché et était supportée par quatre élégantes colonnes en dessous desquelles on pouvait circuler. Soit par suite d'un vice de construction, soit par toute autre cause, on dût, dès 1388, reconstruire ce beffroi. Guillaume, fils aîné des comtes de Namur, seigneur de cette ville, donna, à cette époque, de nouvelles lettres-patentes pour autoriser cette réédification. Ce fut beaucoup plus tard et dans un moment de gêne que les échevins concédèrent des terrains autour du beffroi. On y établit d'abord des échoppes qui furent ensuite remplacées par des maisons qui envahirent aussi l'emplacement de la halle aux draps.

La gouvernance était la halle de la justice seigneuriale. C'était un assez vaste bâtiment sur la place: il fut reconstruit en 1724. Il est encore aujourd'hui la propriété des représentans du comte de Béthune-Sully, devenu seigneur de cette ville, par suite de l'échange qui lui fit obtenir cette seigneurie avec le marquisat de Lens et la terre de Montgoméry, en retour de sa principauté d'Henrichemont et de Boisbelles.

La halle aux draps s'élevait sur la grande place, entre le marché aux grains et celui aux légumes; sa construction était très ancienne. Vers 1664 elle fut démolie et remplacée par les maisons qui firent suite à celles édifiées contre le beffroi. C'était dans la halle aux draps qu'avaient lieu les élections des prévots et mayeurs.

Nos plus anciennes fontaines sont celles de l'esplanade, autrefois sur le rempart en face du chateau, de la rue St-Pry, de la grande place et du marché au fil: cette dernière a été forée en 1588. Ces fontaines sont ce qu'on appelle des puits artésiens. La ville de Béthune étant bâtie sur un roc, ce n'est qu'en le brisant et à environ trente mètres en dessous du sol que l'on rencontre la nappe liquide ascendante. Dans Béthune, l'eau de ces fontaines ne jaillit pas au-dessus du sol et ne parvient qu'à quelques pieds en dessous; dans l'un des faubourgs, celui de la Porte-Neuve, le forage d'un puits artésien fournit un jet d'eau; dans quelques unes des communes voisines, ce jet s'élève à plus de trois mètres au-dessus du sol. A Verquigneul était une fontaine qui fut détruite en 1710; elle avait cinq tuyaux qui donnaient une gerbe d'eau, de la grosseur du corps d'un homme, s'élevant à huit pieds. Elle couvrait 200 à 250 hectares de terre. Le bruit que faisaient ses eaux jaillissantes en retombant, s'entendait dans le silence de la nuit, à plus d'une lieue au-delà. Dans quelques autres communes de nos environs, il suffit d'une demi-journée d'ouvrier fontainier et d'une dépense de dix à douze francs, pour se procurer une fontaine jaillissante. Dans quelques autres encore, on a pensé à employer les eaux de ces fontaines comme moteurs d'usines. A Gonnehem, au moyen de quatre trous de sonde, on s'est procuré l'eau nécessaire pour mettre en jeu un moulin. A Fontes, les eaux de dix puits font tourner les meules d'un grand moulin, et mettent en action les soufflets et les marteaux d'une clouterie. Dans un hameau dépendant de la commune de Lillers, treize fontaines projettent leurs eaux en assez grande abondance pour alimenter le réservoir d'une usine. Ce n'est pas, au premier coup d'œil, sans étonnement, que l'on voit l'eau se déverser incessamment sur la roue du moulin ; elle se répand d'un baquet soutenu par quelques poteaux. Il semble que quelques minutes doivent suffire pour épuiser ce que peut contenir le baquet, et cependant, nuit et jour, l'eau en découle avec une continuité qui paraît inexplicable ; mais ces poteaux sont les buses par lesquelles l'eau parvient à ce réservoir. Le plus ancien puits foré de ce pays se trouve à Lillers dans l'ancien couvent des chartreux ou des dominicains: on prétend qu'il date de 1126.

L'église de St.-Barthélémy, aussi appelée de Sainte-Croix, avait été fondée par Robert Ier et achevée par son fils, Robert II, en 1037; car ce fut à cette époque que ce seigneur dota cette église de différents biens et y établit six chanoines: plus tard le collége des chanoines de cette église fut de vingt-quatre membres. La dotation de Robert II consista dans l'église de Locon, avec la dîme de plusieurs sortes de bêtes que l'on nourrissait en la forêt d'Aslone (Allouagne); une charrue de terre au lieu nommé Nuet (Nœux) pour le labour de quatre hommes ; une brasserie à faire de la cervoise (bière) qui, dit cette chartre, est le breuvage le plus ordinaire du pays; six maisons de ville exemptes de toutes charges; un moulin sis en son château; les terres et seigneuries d'Offinghem (Oblinghem), de Sailly et de Gosnay. Robert obtint de Léon IX une bulle portant excommunication et anathème contre ceux qui violeraient ou usurperaient ces biens.

L'église des Capucins avait été reconstruite en 1602. La ville fit alors don de cent mille briques pour sa réédification.

L'église des Jésuites ne datait que de 1622; celle des Récolets était d'une construction ancienne.

L'église de St-Vaast fut, nous l'avons déjà dit, reconstruite dans l'intérieur de la ville en 1533; elle fut consacrée en 1545. Vers 1613, les voûtes de cette église manquèrent et furent refaites. La tour qui la domine ne fut commencée qu'en 1590 et achevée en 1611. Cette église est la seule qui nous reste: son architecture intérieure est assez remarquable par la hardiesse et le délié des colonnes de support.

Indépendamment de ces cinq églises, il y avait une grande quantité de chapelles. Chaque quartier, chaque faubourg avait au moins une chapelle. Les principales étaient celles du Perroy, dans le faubourg de ce nom, de St.-Eloi, dans la rue des Fers, de l'hôtel de ville, dans la halle échevinale et de la Maladrerie.

Deux prieurés s'élevaient à peu de distance de nos murs: celui de St.-Pry, (nous ne connaissons pas l'époque de sa fondation, mais il est dénommé dans des chartres du onzième siècle); il dépendait de l'abbaye de St.-Bertin de St.-Omer; et le prieuré du Perroy, c'est Robert IV dit *le Gros* qui le fonda en 1097. D'anciennes chroniques disent que ce prieuré était *d'une largesse admirable.*

La chapelle du Perroy fut fondée à la même époque, ainsi que celle de St.-Jacques près de l'église de St.-Barthélémy et celle de St.-Nicolas.

Nous avions deux communautés religieuses pour hommes, les Récolets et les Capucins, et quatre couvents de femmes, les hospitalières du tiers ordre de St.-François, dites les sœurs d'en haut, instituées en 1495, les conceptionnistes, dites les sœurs d'en bas, les annonciades et les bénédictines.

Cette ville était dotée de deux hôpitaux: celui de St.-Jéhan et celui de la Vraie-croix ou de St.-George. Les sœurs hospitalières soignaient aussi chez elles un certain nombre de malades. Il y avait de plus une maladrerie et un béguinage dont nous aurons l'occasion de parler plus tard. On avait établi, dans cette ville, en 1763, trois sœurs de la charité de l'institut de St.-Vincent-de-Paul. Précédemment existait une association qui pourvoyait aux besoins des pauvres, au moyen d'aumônes que les membres de cette association sollicitaient à certaines époques de l'année. Ces aumônes suffirent à l'acquisition de biens dont les revenus servirent à régulariser ces secours. Ces acquisitions augmentèrent de telle manière qu'on dût nommer un régisseur, qui administra sous la surveillance des curés de Ste.-Croix et de St-Vaast. Les officiers municipaux demandèrent et obtinrent en 1763 trois sœurs de la charité qui furent chargées de la distribution des secours. Les mémoriaux de la ville disent que leur zèle et leur intelligence à soulager les pauvres malades, répondirent à l'opinion qu'on en avait conçue.

A la suite des guerres qui ruinèrent ce pays, les échevins se virent forcés de laisser établir un Lombard, maison de prêt sur gages: ils n'en tolérèrent, en 1548, l'établissement que pour douze années, mais il continua d'exister après ce terme.

Il y avait pour les enfans des pauvres deux écoles publiques : l'une, fondée en 1579, était appelée *l'école dominicale*, l'autre, sous le nom de *St.-Joseph*, fut établie en 1693.

Pour l'instruction supérieure, la ville avait un collége, fondé en 1622, sous la direction des Jésuites, et après leur expulsion, sous celle des Oratoriens. On entretenait en outre, aux frais de la ville, trois élèves au collége d'Anchin à Douai. Plus anciennement avait été établie une école latine.

La ville se partageait en deux paroisses : celle de St.-Vaast et celle de Ste.-Croix ; quelques portions de certains faubourgs dépendaient de paroisses voisines.

La première de ces deux paroisses comprenait la partie nord de la ville, les faubourgs de Catorive, du Pont-de-pierres, du Rivage, des Prés-des-Sœurs, de Lille, du Perroy et une portion du faubourg d'Arras; elle comptait 3857 habitans.

La seconde se formait de l'autre partie de la ville et d'une seconde portion du faubourg d'Arras, ayant 3283 habitans.

Le faubourg de St.-Pry, d'une population de 177 habitans, dépendait de la paroisse de Foucquières.

Celui de la Porte-Neuve comptait 171 habitans et dépendait de la paroisse d'Annezin.

Une troisième portion du faubourg d'Arras, avec 77 habitans, faisait partie de la paroisse de Verquin.

Ce récensement qui date de 1789 donne un total de 7295 habitans. On n'en possède pas de plus ancien. Celui de 1763 ne s'est occupé que du nombre des habitations s'élevant à 625 maisons dans l'intérieur de la ville, non compris les édifices publics et les établissemens militaires et religieux.

Les limites de la ville et de la banlieue étaient déterminées par de hautes pierres sur lesquelles étaient sculptées les armes de la ville: elles furent apposées en 1460 en vertu d'un mandement de Charles, duc de Bourgogne, en date du 23 septembre de cette année.

La rivière qui traverse Béthune a sa principale source à Caucourt; elle reçoit à Gauchin-Legal et à Rebreuve les produits d'autres sources; à Houdain et à Bruay elle se grossit d'autres rivières qui s'y déchargent; à Gosnay, elle se divise en deux branches dont l'une, passant par Foucquereuille et Annezin, prend le nom de la *Brette*, anciennement la *Biette*, et l'autre du nom de *la Blanche* vient par Foucquières traverser la ville. A sa sortie des glacis, elle rejoint la première branche et prend le nom de *la*

Lawe, auparavant *la Laviette:* elle a, jusqu'à ce point, parcouru 2 myriamètres 652 mètres, dans la direction d'abord du sud-est au nord-ouest, puis dans celle du sud-ouest au nord-est; elle reçoit encore sous Béthune le courant de Longâte, et à 2 lieues au-delà, la Loisne. A quelque distance de Béthune, la Lawe a été très-anciennement canalisée pour fournir un moyen de communication entre cette ville et le Pays-Bas, au moyen de la Lys, dans laquelle la Lawe se jette à La-Gorgue. En 1510 la ville fit prolonger de 1200 pieds ce canal pour en rendre la navigation possible jusque sous ses remparts. Un second canal, d'une création toute récente, passe sous nos murs et met en communication la Haute-Deûle avec la Lys sous Aire. Les états d'Artois avaient projeté cette jonction ; seulement c'était à Saint-Venant qu'elle devait avoir lieu. Le projet des états d'Artois fut adopté en 1790 par l'assemblée constituante. Le devis élevait la dépense de ce canal à 1,500,000 livres. En 1811 ce projet fut repris; mais ce fut seulement en 1822 qu'une nouvelle loi en accorda l'entreprise à des particuliers.

L'aspect de Béthune a plusieurs fois changé tant à l'intérieur qu'à l'extérieur.

Aux cabanes en terre et en chaume disséminées çà et là, des 9me et 10me siècle, ont succédé les maisons et édifices en bois, formant des rues tortueuses et très étroites, puis les constructions à l'espagnole, avec leur pignon sur rue et leurs fenêtres en ogives décorées de sculptures. Nos maisons sont maintenant simples, sans ornemens, sans architecture, mais d'une propreté qui flatte l'œil; nos rues se redressent, l'abord de nos édifices publics se dégage.

Aux marais pestilentiels, dont les eaux fétides baignaient nos murs au sud et à l'ouest, ont succédé de vastes prairies bien boisées, qui offrent d'agréables promenades. Au nord et à l'est, les forêts qui dominaient la ville, ont fait place à des terrains qui, chaque année, se couvrent de riches et d'abondantes moissons; deux canaux coupent agréablement cette campagne et en vivifient l'aspect. La vue est bornée à trois ou quatre lieues de l'est à l'ouest par une colline demi circulaire, couverte de bois sur plusieurs points, et laissant en deçà un amphithéâtre parsemé de nombreux villages qui offrent une grande variété de bouquets de verdure. Au nord, le pays est entrecoupé de nombreux fossés dont les rives sont bordées d'arbres, ce qui lui donne l'aspect d'une forêt.

Béthune, vue des marais de cette ville, vers Annezin, présentait un développement assez considérable; l'une de ses extrémités était occupée par le château fort, et l'autre par l'église de St.-Vaast, dans le faubourg de ce nom. Douze clochers et tours apparaissaient dans l'espace intermédiaire. Il existe une gravure de cette vue faite en 1573. Dans le siècle suivant Vander-Meulen a tiré une autre vue de cette ville embrassant toute sa partie depuis le château fort jusqu'à la porte d'Arras, en avant de laquelle se trouvait un camp retranché.

Les abords de notre ville étaient tous, anciennement, dans l'état actuel de nos chemins sur St.-Venant, Merville et Estaires, qui restent boueux par suite, dit-on, de l'opposition du génie qui y voit tout un système de défense. Le chemin d'Arras était à travers des forêts dont l'ombrage ne permettait guère au sol de se sécher. Nos chemins de St.-Omer et de Lille traversaient des marais: ce dernier chemin surtout était impraticable presque toute l'année. De Béthune, il se dirigeait sur Essars, de là il traversait les marais de Beuvry, de Cambrin, de Festubert et de Cuinchy. Ces marais formaient un lac d'une grande étendue que coupait la chaussée.

Contre ses rives, près de Beuvry, était une fontaine assez remarquable: ses eaux tourbillonnaient sans cesse et offraient à leur centre un vaste entonnoir qui engouffrait, pour ne jamais laisser reparaître, tout ce qui était atteint par les rayons de ce tourbillonnement Vainement, on a maintes fois recherché la profondeur du gouffre, la sonde n'a jamais pu en atteindre le fond ; telle était du moins l'opinion des habitans, qui prétendaient que cette fontaine était traversée par un fleuve souterrain, dont les flots rapides emportaient le plomb de la sonde et déterminaient le tourbillonnement des eaux à leur surface. Les vieillards conservent encore, par tradition, sur cette fontaine, de nombreuses légendes, dont presque toutes attestent la crédulité et la superstition de nos pères. Voici l'une d'elles:

Dans des temps que bien des siècles séparent de nous, au milieu des marais de Beuvry, alors appelé Beury, était un castel. Ses noires tourelles dominaient majestueusement la vaste plaine d'eau qui les entourait. Une étroite chaussée, coupée de distance en distance par des ponts mobiles, formait le seul accès de cette habitation.

Quel motif avait déterminé le châtelain qui s'y était retiré, à choisir pour demeure, un séjour si sauvage? personne ne le savait. Nul n'avait même encore pu l'entrevoir depuis vingt ans qu'il s'y tenait renfermé, nul n'avait pu pénétrer dans ce château au-delà des bâtimens extérieurs, où nuit et jour, veillaient des étrangers dont on ne comprenait pas le langage et qui n'entendaient pas plus celui du pays.

Une crainte superstitieuse en éloignait d'ailleurs chacun. Le château et son châtelain avaient été l'objet des conjectures de tous, mais la disparition subite et tout extraordinaire de ceux qui avaient trop hautement et trop hardiment émis leur opinion, faisait qu'on n'osait plus, dans l'intimité même des veillées, parler du mystérieux châtelain. Il était toutefois visible que chacun lui supposait des intelligences avec les esprits infernaux; il était certain que chaque année, dans la nuit qui précède le saint jour de Noël, il se passait, dans le château, des choses extraordinaires: de la plupart des maisons de Beuvry, une oreille attentive pouvait saisir les derniers sons, affaiblis par la distance, de mille voix confuses, proférant les unes des cris, des gémissemens, les autres jetant des éclats de rires A minuit, tout rentrait dans le calme ordinaire; le lendemain, pas un seul de ceux que les événemens de la nuit avaient effrayés, n'aurait osé convenir avoir entendu le moindre bruit, et vainement, à part soi, se serait-on

III.

Il n'est pas possible de fixer l'époque de l'établissement de l'échevinage de Béthune, qui sans doute remonte à la même antiquité que la ville.

La plus ancienne chartre que nous ayons conservée est celle du 10 octobre 1210; elle est confirmative des droits et priviléges des échevins et bourgeois; elle ne relate pas, d'une manière précise, les chartres antérieures; mais, par cela même qu'elle est confirmative, on a la certitude que les prédécesseurs de Guillaume II, dit *le Roux*, qui octroya celle de 1210, en avaient accordé de semblables

Par cette chartre, Guillaume *le Roux* promet aux échevins et bourgeois de Béthune, de ne jamais les assujétir à la loi d'aucun autre lieu, et de ne jamais les abandonner ni engager pour ses dettes ou celles d'autrui; il y reconnait que toutes les affaires de l'échevinage ne peuvent se décider que par les statuts et ordonnances des échevins et que tous les paccages adjacens à la ville sont la propriété des bourgeois et demeureront chose à eux commune pour leur usage et leur utilité; il n'excepte desdits paccages que ceux qui sont en dedans des fossés, vulgairement dits *Paccages de Jean d'Annezin*, dont la propriété est sienne.

Cette chartre fut donnée par Guillaume quelques années après son retour des pays d'outre-mer, où il alla combattre pour la croix avec Conon et Barthélemy, ses frères. Avant son départ, il avait affranchi de toutes tailles, corvées, subsides et impositions tous les sujets, hôtes et justiciables de l'église de St.-Barthélemy, demeurant tant à Sailly qu'à Roholt, Avelette et autres lieux dans le territoire de Béthune, excepté ceux de Nuet (depuis Nœux), et de la ville de Béthune qu'il maintînt sous les charges de la ville et la juridiction des échevins. Ce seigneur restitua aussi alors aux habitans de Béthune le droit de péage de la chaussée de Béthune que son père Robert avait usurpé; il ordonna seulement l'emploi des deniers de ce péage dans les dépenses de la réparation des chaussées, ports, ponts et passages de la ville.

Il fit jurer à son fils aîné Daniel, de maintenir et d'observer après lui cette chartre de 1210. Daniel, devenu seigneur, la confirma par des lettres de décembre 1215, qui déterminent l'étendue des paccages communs dont nous venons de parler, en disant que ce sont ceux *dits* le marais du Pont-des-vaches entre les rivières du château et d'Annezin, celui entre la rivière du château et la ville, et celui du Bruisle, non loin de St.-Pry: il se réserva toutefois le droit d'ouvrir un fossé, dans ces terreins, pour la défense de la ville.

Une autre chartre donnée en 1222 par ce même seigneur entre dans quelques détails sur la juridiction des échevins.

Si, y est-il dit, l'avoué ou son prévôt (le seigneur ou son bailly), fait citer quelqu'un dans l'échevinage pour quelque délit, et qu'il ne comparaisse pas, les échevins devront en connaître et juger de même le forfait; si le coupable demeure dans l'échevinage, l'avoué pourra le tenir jusqu'à ce qu'il ait donné des cautions; mais il subira toujours le jugement des échevins. Si l'avoué ou sa justice exige des cautions, on les prendra telles que les échevins les trouveront satisfaisantes; et si, malgré cela, on en veut davantage, les échevins pourront dire c'est assez, et l'on devra s'en tenir satisfait.

Robert VII, frère et successeur de Daniel, confirma ces priviléges en 1228. Sa fille Mahaut épousa Guy de Dampierre, dont sortit Robert VIII, qui, dans les chartres qu'il octroya à la ville en juin 1279 et décembre 1287, prend le titre de fils aîné du comte de Flandre et seigneur de Béthune.

Les échevins et les bourgeois de Béthune prêtèrent, en 1311, serment à Mahaut ou Mathilde, fille de Robert VIII, et ils reçurent celui qu'elle prêta à son tour de garder, maintenir et observer leurs chartres et priviléges; elle en donna des lettres datées de St.-Laurent de cette même année 1314. C'est cette princesse qui, en 1320, fonda à Gosnay le monastère des chartreux et le couvent des chartreuses, dans les circonstances suivantes:

Mathilde habitait le château que Thierry d'Hérisson, son chancelier, par la suite évêque d'Arras, avait fait bâtir à Gosnay, et dont il lui avait fait présent. Cette princesse avait voulu que ce séjour, encore sanctifié par les vertus de son précédent propriétaire, ne fût souillé par aucune faute; elle avait sur-tout recommandé aux officiers et aux dames de sa maison d'éviter toute action contraire à la chasteté. Une passion amoureuse fit oublier cet ordre à deux de ses commensaux: bientôt il ne leur fut plus possible de couvrir du voile du mystère cette intrigue et encore moins ses suites. Selon les uns, Mathilde, punit les coupables en les faisant enterrer tout vivans dans le verger de son château. Selon d'autres, armée d'un glaive dont sa coupable suivante avait la gaîne qu'elle lui ordonnait d'agiter pendant qu'elle cherchait sans succès à introduire l'épée dans son fourreau, Mathilde la transperça de ce même glaive, en lui disant qu'il ne lui aurait pas été plus difficile de défendre son honneur.

Cependant, peu après, le bruit se propagea que des spectres venaient jeter l'épouvante parmi les habitans du château. La vallée de Gosnay prit le nom de *Val des mauvais génies*. Mathilde, troublée par ces apparitions et sans doute plus encore par ses remords, fit vœu de fonder, à titre d'expiation, un monastère. Le château fut rasé et remplacé par un monastère de chartreux. Les apparitions cessèrent, la vallée de Gosnay échangea son nom en celui de *Val du St.-Esprit*. Mathilde en manifesta sa reconnaissance en joignant à sa première fondation un hôpital et un couvent de chartreuses, à l'autre extrémité de ce même village, sur le revers du mont de Ste.-Marie.

Il existe au fronton de l'arcade de la porte St.-Pry une inscription gravée sur la pierre: le temps l'a fait disparaître presque complétement; d'habiles archéologues pourraient seuls parvenir à la déchiffrer. Nous avons ouï-dire qu'elle avait trait à l'évènement tragique dont nous venons de rendre compte. La construction de cette porte remontrait donc au quatorzième siècle.

Jeanne-de-France, en 1333, gratifia les bourgeois d'une nouvelle chartre; l'année suivante Eudes, duc de Bourgogne, devenu son mari, leur octroya encore une autre chartre plus explicative que les précédentes, des droits et priviléges de la ville, en considération *des bons et agréables services que les habitans avaient rendus dans les guerres, et des grandes pertes et dommages qu'ils avaient souf-*

ferts. Ces pertes étaient évaluées à 200,000 livres. A titre d'indemnité, Eudes, par cette chartre, que confirma en novembre 1353 son fils Jean, roi de France, donna à la communauté et ville de Béthune, la ville de de Lagorgue avec ses appartenances, pour en jouir en toute propriété, sous la seule réserve des droits de souveraineté. On ne retrouve aucune trace de la prise de possession de l'objet de cette donation qui resta sans doute sans effet, parce que les droits des rois de France sur la seigneurie de Béthune étaient eux-mêmes alors contestés et le sujet d'une guerre que ne termina pas le traité de paix de 1368. Nos manuscrits relatent en effet, à la date de 1382, le serment de Louis, comte de Flandre, comme seigneur de Béthune, et en 1386, celui de Guillaume de Namur, devenu seigneur de cette ville, par l'échange qu'il fit de la terre de l'Ecluse.

La chartre de 1334 parle de la composition du corps échevinage et de son mode de renouvellement.

L'échevinage était composé de dix échevins, d'un prévôt, de deux mayeurs, d'un procureur-syndic, d'un greffier et d'un argentier.

Les dix échevins étaient nommés par les bourgeois, et chaque année, à la Saint-Thomas l'apôtre, cinq sortaient de charge, les cinq autres en élisaient cinq nouveaux et soumettaient leur choix au grand bailli qui devait approuver ou rejeter leur nomination dans un délai de huit jours; en cas de rejet motivé, les échevins devaient procéder à de nouveaux choix, jusqu'à approbation des élus par le bailli qui avait encore le droit de remplacer l'un d'eux par un prud'homme à sa seule nomination. Les prévôt, mayeurs et procureur-syndic étaient élus par les bourgeois chaque année, le vendredi de la Pentecôte. Le greffier et l'argentier étaient au choix des échevins.

Par cette même chartre, il était reconnu que la confiscation des biens d'un condamné ne pouvait préjudicier aux droits de ses héritiers bourgeois de la ville: c'est ce que rappelle encore une chartre de 1342.

Cette chartre de 1334 énonce que la juridiction du seigneur ne peut contredire en rien celle des échevins, et que, si de la part des officiers du seigneur, il y avait atteinte quelconque aux franchises des bourgeois, le contrevenant serait actionnable publiquement et civilement. Enfin elle règle les peines encourues en certains cas. Ces peines consistent en amendes dont une partie revient au seigneur, et dont l'autre profite à la ville.

Philippe VI, roi de France, donna aussi en janvier 1346 une chartre par laquelle il reconnut que la ville ne pouvait être imposée *ni pour fait de guerre, ni autrement.*

Charles V, en 1364, confirma la connaissance et le jugement des affaires des bourgeois par les échevins, sous quelques exceptions. C'est ce que fit aussi Charles VI, en 1387, comme seigneur de Béthune.

Guillaume de Flandre, époux de Jeanne de Harcourt, par ses lettres-patentes du 14 août 1409, voulant faire cesser les divisions qui existaient à l'occasion des élections des échevins, ordonna que, par son bailli et les notables de la ville, quinze individus seraient choisis et nommés pour desservir à vie l'échevinage. Dix d'entr'eux devaient être en exercice chaque année, à la fin de chacune desquelles, cinq sortans devaient être remplacés par les cinq qui n'avaient pas exercé.

Par la mort de Jeanne de Harcourt, la seigneurie de Béthune revint, à titre d'hérédité, aux ducs de Bourgogne, représentans de la maison de Flandre par Philippe de Rouvre.

Charles-le-Téméraire fut reçu seigneur de Béthune le 12 mars 1450; sa fille Isabelle apporta cette seigneurie en dot à Maximilien d'Autriche. Cependant, Louis XI ayant voulu prendre sous sa garde toutes les seigneuries dépendantes de la succession de Charles-le-Téméraire, comme mouvantes en fief et arrière-fief de la couronne, donna en mars 1476 des lettres confirmatives des chartres précédemment octroyées à la ville de Béthune.

Louis XII rendit à Maximilien, par le traité d'Arras, cette seigneurie avec le comté d'Artois. Charles-Quint succéda à Maximilien. En 1516, ce prince changea le mode du renouvellement du corps échevinal de cette ville; il confirma ses priviléges et libertés, mais il se réserva la création de la loi, c'est-à-dire, la nomination des échevins.

Maximilien, en 1508, l'avait déjà tenté, en ordonnant que la création de la loi se fît par son gouverneur, son procureur et quatre des plus notables, pris parmi ceux qui seraient alors en la loi de la ville. Ce ne fut cependant que vers 1541 que les officiers du roi s'immiscèrent directement dans les élections des échevins, en présidant les assemblées qui avaient lieu à cet effet.

Philippe II, roi d'Espagne, devint, par l'abdication de Charles-Quint, seigneur de Béthune en 1556. Ses successeurs conservèrent cette seigneurie jusqu'à la conquête de Louis XIV en 1645. Les traités de paix qui eurent alors lieu, ainsi que ceux postérieurs, maintinrent les villes de l'Artois dans leurs chartres, privilèges et franchises. Cette réserve se retrouvait encore, comme condition, dans les capitulations particulières de ces villes; cependant Louis XIV, par son ordonnance du 8 avril 1664, voulut qu'à l'avenir, dans les villes de l'Artois, les magistrats fussent renouvelés par le commissaire qu'il déléguerait à cet effet, et pris parmi les bourgeois les plus capables et les plus affectionnés à son service. La commission, pour le renouvellement de la loi, fut adressée à l'intendant de la province, qui y procédait en consultant les officiers de la gouvernance et les quatre premiers échevins en exercice.

En 1710, le mode ancien des élections fut rétabli et observé jusqu'en 1713, époque où les Hollandais abandonnèrent Béthune. L'ordonnance de 1664, de nouveau remise en vigueur, fut abrogée en 1778. Les notables de la province, assemblés en états-généraux, furent alors chargés du renouvellement de la loi: le roi se réservait la nomination du maire sur la présentation de trois candidats. Le corps municipal fut réduit à un maire, six échevins, un procureur-syndic, un secrétaire - greffier et un receveur - trésorier.

Les échevins étaient les administrateurs, les gouverneurs et les justiciers de la ville. Ils régissaient les biens de la communauté, ils veillaient à la sûreté de la ville, ils réglaient tous les différens des bourgeois.

Les principales ressources de la ville consistaient dans ses propriétés immobilières; elles étaient nombreuses et d'une grande valeur.

Nous avons déjà parlé des lettres-patentes qui constataient les droits de propriété de la ville sur les marais en-deçà et au-delà des rivières d'Annezin et du château. Les échevins ont fait extraire de tous ces terreins les tourbes qu'ils renfermaient: après cette extraction, ces marais devinrent des pacages.

Nous mentionnerons encore les trois mesures de terre du Béguinage et les cinq mesures de la Maladrerie, dont nous aurons l'occasion de parler ci-après.

La plus importante propriété de la ville consistait dans les terreins connus sous le nom de *Bois dérodés*. Les bourgeois avaient un droit d'usage dans les bois domaniaux qui avoisinaient la ville. Albert et Isabelle, par lettres-patentes du 2 septembre 1608, convertirent ce droit d'usage en une cession de la propriété pleine et entière du tiers de ces mêmes bois. Le partage qui en fut alors fait, assigna à la ville les tailles du mont Liébau, du Courant et de Verquin, contenant ensemble 124 mesures 12 verges; plus, tous les bois sur la chaussée d'Arras, contenant 45 mesures 30 verges, et le parc avec le petit bois de Béthune, contenant 40 mesures, derrière le faubourg du Rivage, vers le bois de Beuvry, dit le bois des *Fillettes*. En 1767, la ville fut autorisée à aliéner ces propriétés par un arrentement d'une durée de quarante années: les adjudications s'en firent en 1768 et 1769.

Le collége appartenait à la ville, pour la partie où se trouvaient les classes, d'après un accord fait entre les échevins et les pères Jésuites le 4 février 1699, contenant cession, au profit de la ville, d'un terrein dépendant du clos des Jésuites, à la charge d'y construire des classes et de payer un canon annuel de cent livres. Ce collége avait été fondé par lettres-patentes de Philippe, roi d'Espagne et comte d'Artois, en date de 1622. Lors de l'expulsion des Jésuites en 1777, l'usufruit de ces terreins et édifices fut concédé aux Oratoriens, sous l'affectation perpétuelle de servir à l'enseignement.

Suivant lettres données par le chapitre de St.-Barthélemy, le 13 juin 1419, la ville avait en propriété les trois moulins à l'eau qui se trouvaient dans l'intérieur de ses murs: celui de St.-Pry, celui du Castel et celui du Moulinet en face de l'église de St.-Barthélemy. Il y avait un autre moulin à vent sur le cavalier Vauban, dont la ville était encore propriétaire.

En 1778, les échevins firent l'acquisition de la maison appelée le *Canon-d'or*, et ils y firent construire une écurie pour le logement de quarante chevaux de la garnison. En 1768, ils avaient aussi acheté la maison sur le marché au poisson qui servait de magasin aux tourbes extraites des marais communaux. Une autre portion de cette même maison fut affectée à l'une de nos écoles publiques.

Charles-Quint, en 1516, avait donné à la ville une vaste maison sur ce même marché. Une partie de cette maison avait servi à l'agrandissement de ce marché et le surplus conservé fournissait un local aux poids publics, aux fournitures militaires, un logement aux cavaliers de la maréchaussée et au receveur des deniers communaux. La prison avait été enfin établie dans une autre partie de cette même maison.

La ville était encore restée propriétaire d'une portion de maison dont la majeure partie avait servi à l'élargissement de la rue du Pot-d'Etain.

La halle échevinale était un fief du domaine pour partie, et tenu en échevinage du prieuré de St -Pry pour l'autre partie. On louait les bâtimens en dépendant, dits la conciergerie, ainsi que les quatre étaux qui s'y trouvaient.

La ville avait la propriété du canal de la Lawe jusqu'à la Choque Bernard. Chaque année les échevins faisaient la visite de cette rivière et de ses affluens jusqu'à la pointe de Gosnay dite *l'Epéron*. Un arrêt de 1407 reconnaît à la ville le droit de disposer de la pêche de la Lawe jusqu'au lieu où s'étendait sa juridiction. Ce sont des lettres de 1510 qui la délimitent à la Choque Bernard. La ville entretenait sur ce canal six écluses, et avait acquis les terreins qui les joignaient, pour y établir les logemens des éclusiers. Ces six écluses, construites en 1421, 1528, 1665, 1705 et 1741, étaient celles de Sévelingue, Manchecourt, l'Etang, le Petit-Etang, le Fosset et les Agneaux. Les moulins de la Fosse sur la Lawe étaient la propriété de la ville, ainsi que le constatent des lettres-patentes du 14 juillet 1590.

La ville possédait de nombreux arrentemens. Ceux constitués à l'occasion de la cession des terreins autour du beffroy et sur l'emplacement de la halle aux draps, consistaient dans un canon de douze sols par chaque pied de terrein. La ville avait encore une certaine quantité de rentes sur des particuliers, sur le domaine et sur les finances. Ses droits de greffe étaient peu productifs Ses octrois n'atteignaient que l'eau-de-vie, le vin et la bière forte: l'impôt communal établi sur ces liquides, consistait dans une somme de dix sols par chaque pot d'eau-de-vie, deux sols par chaque pot de vin, et deux deniers au pot de bière forte, uniquement payables par les débitans. Chacun de ces droits était affermé. Ce tarif fut modifié en 1785 par un arrêt du conseil qui porta à six deniers le pot de bière forte, et qui greva d'un droit de trois sols chaque rondelle de bière vendue par les brasseurs.

Dès 1680, la ville affermait ses boues. En 1779, le prix de l'adjudication s'élevait à 956 livres.

Les offices des poids publics, de l'aunage des toiles, du mesurage des grains, du faix des porteurs au sac, des avaleurs, de la poissonnerie, du renvoi du minck, de l'égard aux porcs, du garde-scel étaient en ferme.

Les poids publics furent établis en 1279; le droit d'aunage figure dans des comptes de 1560. Des lettres-patentes de 1372 confirment la perception, au profit de la ville, d'un impôt sur le mesurage des grains: il était de deux sols par chaque razière, dont l'un payé par le vendeur et l'autre à la charge de l'acheteur. Le nombre et le choix des mesureurs-jurés étaient laissés à la disposition des échevins. Louis XIV, en 1665, voulut constituer ces offices en charges héréditaires, moyennant finances; la ville racheta le maintien de ses droits, en payant une somme de 2500 livres; peu après les échevins furent forcés d'aliéner ces charges pour quarante années. Il y avait douze poissonniers et un minqueur avec égard ou essayeur. La poissonnerie était donnée en ferme dès 1595. Chaque poissonnier payait une rétribution annuelle de dix-huit livres, et la charge de minqueur s'élevait à 256 livres.

Des lettres-patentes de 1500 parlent de la corporation des porteurs au sac, comme étant d'une institution déjà alors très-ancienne. A la date du 22 octobre 1500, les quatre hommes, confrères et compagnons du métier et stile de porteurs au sac, rappellent, dans une pétition qu'ils présentent aux échevins, l'ancienneté de leur corporation. On avait alors aliéné cent vingt charges de porte-faix: elles avaient été acquises par des particuliers, des églises, des communautés religieuses, qui les faisaient exploiter par des individus que les échevins agréaient de l'avis des quatre hommes et dont ils recevaient le serment de bien et fidèlement se comporter, et de suivre les statuts et réglemens de la corporation. Les échevins destituaient ceux qui s'écartaient des devoirs de leur charge.

L'office d'égard aux porcs existait dès 1439. Il est fait recette de son produit dans les comptes de 1440.

Chacun de ces offices, ainsi que la plupart

des autres corporations avaient leurs chartres et statuts particuliers. Nos archives contiennent un registre sur lequel se trouve le renouvellement du réglement de la corporation des porteurs au sac, à la date d'octobre 1500: à cette même date est celui des costumiers et pourpointiers; la chartre des pelletiers, celle des échopiers, des grossiers, des ciriers, espiciers et merciers, et celle des grands archers de St.-Sébastien sont de 1413; celle des tanneurs, cordonniers, corroyeurs et basaniers est de 1446; celle de la confrérie de St.-Jacques, de 1439; celle des chirurgiens, de 1487; et celle des drapiers, de 1492. Le réglement des barbiers, perruquiers, baigneurs et étuvistes fut renouvelé en 1766.

Quelques offices, comme n'étant que d'un trop faible produit, étaient gratuitement confiés à des personnes que désignaient les échevins: c'étaient ceux relatifs au mesurage du charbon, au jaugeage des tonneaux, au pesage du lin, à l'essai du beurre, etc.

D'autres enfin étaient confiés à des salariés, tels que sergens de ville, garde-champs, valets d'eau, garde-marais, priseurs de grains, égards aux poissons et à la viande, chasse-pauvres, crieur public, etc.

Les communes ont été dépouillées de leurs biens: l'état s'en est emparé en vertu de lois de 1793. Béthune, a ainsi perdu d'opulentes ressources. Les octrois, qui atteignent, d'une manière si onéreuse, tout ce qui est nécessaire aux habitans, pourvoient maintenant à nos besoins.

Il est assez intéressant de jeter un coup-d'œil sur l'emploi de nos anciens revenus.

En première ligne, dans les comptes, figurent les cours des rentes foncières dues à l'occasion des biens dont la ville était propriétaire, et ceux des rentes constituées pour combler, par les emprunts auxquels on avait recours, le déficit des comptes précédens, quand l'aliénation des propriétés ou des offices n'y avait pas suffi. Déjà, en 1723, ces rentes étaient d'un capital excédant quarante mille livres, et déjà on avait arrenté bien des propriétés communales; plus tard on était encore obligé d'avoir recours à d'autres aliénations plus importantes. Sans parler des dépenses extraordinaires qui se renouvelaient assez fréquemment, telles que celles des réparations et réédifications des remparts, casernes, églises, etc., du rachat des cloches des églises, ce qui avait lieu à la suite de chaque capitulation, les charges de la ville étaient en effet considérables, et le temps n'était pas encore venu de chercher un remède dans l'épuration de dépenses qui devenaient à jamais respectables, par cela seul qu'on pouvait les justifier par cette annotation qui se retrouve fréquemment dans les anciens comptes: *ainsi que cela s'est toujours pratiqué.* Les appointemens et gages des agens salariés de l'administration, dont le nombre était excessif, depuis les échevins jusqu'aux chasse-pauvres, absorbaient, chaque année, d'énormes sommes. Quelques dépenses sont d'une nature assez particulière. Sur la même ligne que le médecin des pauvres, à la rétribution annuelle de 100 livres, figure le donneur de répit, aux gages de 60 livres. Les garde-portes obtenaient 302 florins pour prendre garde à ce que personne n'entrât dans la ville, venant d'un lieu suspecté de la peste. Les gardiens des églises de la ville ont un traitement, pour mettre en branle les cloches quand il est apparent qu'un orage doit éclater dans les environs. Nous trouvons, dans quelques uns de nos comptes, l'explication de cet usage encore en vigueur dans certains villages. C'est pendant l'orage que, par un préjugé qui peut provoquer le mal qu'on cherche à détourner, l'on sonne les cloches; il en était autrement anciennement: on ne comptait pas dissiper l'orage par l'effet de cette sonnerie, elle n'était dans le principe que le signal de la prière. Nous lisons dans nos anciens comptes:

» Au coustre de St. Barthélemy pour la
» courtoisie ordinaire et japièja ordonnée
» par les prédécesseurs de messeurs les
» échevins, pour avoir sonné la cloche à
» chaque fois qu'il était apparent faire orai-
» ge, grande pluie et tempeste, afin de don-
» ner advertance au peuple de prier Dieu
» pour l'apaisement des temps et conserva-
» tion des biens de la terre. »

Indépendamment des appointemens ou gages des nombreux agens salariés de l'échevinage, il n'en est pas un seul qui n'obtienne fréquemment des gratifications sous le nom de courtoisie, largesse, vins, etc.

Celles des échevins, prévôt, mayeurs, syndic, argentier, greffier se dissimulent sous le prétexte du renouvellement de leurs robes. Chaque année, la dépense du renouvellement de ces robes est énorme. Chaque service est, pour les agens inférieurs, l'occasion d'une gratification en argent ou en nature. Ainsi les hallebardiers, les sergens de ville l'obtiennent pour avoir assisté aux processions, aux devoirs de la justice, au renouvellement de la loi, etc. Il en est de même du carillonneur pour avoir sonné de la trompette, au sommet du beffroy, le premier dimanche de chaque mois et pendant la tenue des franches foires. Le chapelain des échevins, chaque communauté religieuse, chaque confrérie, sous le nom de vins, obtiennent des gratifications à l'occasion des processions publiques, des grandes fêtes, de celles de leur patron, etc. Dans les anciens comptes, c'était en nature que ces vins étaient distribués; plus tard, ce fut en argent.

Les vins d'honneur, dont nous parlerons ci-après, donnaient lieu à une dépense qui dépassait, dans certaines années, 1000 livres. Le premier jour de l'an, on présentait, à titre d'étrennes, au gouverneur, une pièce de vin; on lui offrait aussi, pour bûche de Noël, quatre-vingts faisceaux de bois; les comptes mentionnent: *ainsi que cela s'est toujours pratiqué.* La ville dépensait annuellement 150 à 200 livres pour entretenir une glacière et fournir des glaces au gouverneur et à quelques autres notabilités.

Les feux de joie donnés, disent les comptes, *pour la récréation de M. le gouverneur*, à l'occasion de telle victoire, de la prise de telle ville, de la paix, etc., coûtaient d'autant plus qu'ils étaient très-fréquens et suivis d'une collation donnée en la halle par les échevins, aux frais de la ville, qui paya aussi la dépense que les hallebardiers, sergens de ville et autres faisaient dans quelques tavernes. Il est certaines années où l'on ne compte pas moins de dix à douze feux de joie. Ils avaient lieu sur la place d'armes. On y plantait un mât très-élevé, autour duquel on groupait des matières inflammables, principalement de vieux tonneaux remplis de goudron. On se procurait ainsi le spectacle d'un incendie qui s'appelait *feu de joie.* C'était aussi la ville qui payait les frais des feux de la St.-Jean-Baptiste, à chaque carrefour.

Dans ces comptes se trouvent chaque année des sommes importantes pour le loyer des logemens du major et de l'aide-major de la place, du commissaire des guerres, du capitaine des portes, de l'officier de la maréchaussée, de l'ingénieur en chef, des gardes des fortifications, du commandant, du contrôleur et du garde d'artillerie. On y voit des gratifications de trois cents livres à l'inspecteur général des fortifications, pour sa visite de nos fortifications. C'était la ville qui payait le chauffage et le logement des troupes, qui entretenait les casernes, etc.

Les frais des voyages, tant à pied qu'à cheval, des échevins, de la députation envoyée chaque année aux états d'Artois, des messagers expédiés pour les affaires de la ville, ne sont pas l'un des chapitres les moins considérables de ces comptes.

Quand enfin on avait pourvu aux réparations des édifices communaux et à quelques dépenses d'instruction publique, on avait employé de quarante à soixante mille livres. Les revenus de la ville, n'excédant pas cette somme, d'un autre côté, les fermiers communaux réclamant et obtenant fréquemment des remises ou des réductions pour non-jouissance, notamment à raison de faits de guerre, il s'ensuivait que très-rarement la recette balançait la dépense: de là, nécessité d'emprunts, d'aliénations, etc. L'excès du mal aurait nécessairement fini par déterminer les importantes réformes dont étaient susceptibles nos dépenses annuelles.

Comme juges, les échevins avaient, à la conjure du grand bailli, qui était le représentant du seigneur, le droit de haute et basse justice, c'est-à-dire, que leur juridiction embrassait depuis les plus légères infractions jusqu'aux crimes capitaux. Cette juridiction ne s'étendait que sur tout ce qui concernait les habitans ou leurs propriétés dans la ville et la banlieue. Quelques communes voisines faisaient partie de l'échevinage: parmi elles figurait Chocques (anciennement *Chokes*), qui était en 1100 une ville fortifiée, avec chapitre et monastère de chanoines de l'ordre de Saint Augustin. En 1180, ce couvent a été reconstruit à un quart de lieue au-delà de son premier emplacement. Cette juridiction échevinale était de première instance et ressortissait, quant au civil, de la gouvernance d'Arras, puis du conseil d'Arras, et enfin du parlement; et quant au criminel, directement du conseil d'Artois, qui jugeait en dernier ressort.

Les infractions à certains réglemens étaient punies de peines arbitraires, infligées par les échevins. Ces peines consistaient presque toujours en légères amendes, dont le produit se distribuait immédiatement aux pauvres. Les échevins paraissent n'avoir jamais abusé de leur autorité souveraine à cet égard; car ces sortes d'amendes ne produisaient pas plus de 18 livres par an. Les rixes étaient diversement punies selon qu'elles avaient ou n'avaient pas été accompagnées de blessures avec plaie et à sang coulant, à main garnie. Ces punitions consistaient le plus ordinairement dans des amendes. Chaque blessure avait son tarif, depuis la plus légère égratignure jusqu'à la perte d'un ou de plusieurs membres. Le vol était passible de l'exposition du coupable, sur le marché, pendant une, deux ou trois heures: dans certains cas, à cette peine, on ajoutait celle de la marque au moyen de l'application, sur l'épaule droite du coupable, d'un fer rouge ayant la forme d'une fleur de lys, ce qui entraînait expulsion de la ville pendant un certain nombre d'années ou à perpétuité, selon la gravité du crime. L'infraction du ban était punie des galères, ainsi que le vol dans les marchés, ou celui avec des circonstances aggravantes.

Le suicide était un crime dont la poursuite n'était pas éteinte par la mort consommée du coupable. Nous trouvons dans les registres de l'échevinage de cette ville une affaire de cette nature, suivie d'un arrêt que différens journaux ont récemment publié.

Pierre Verd, carabinier dans la brigade d'Aubeterre, avait rejoint, vers la fin de 1699, son régiment en garnison à Béthune. Né sous le ciel de la Provence, Pierre Verd n'avait pas quitté sans larmes et sans regrets la maison paternelle. Son cœur était d'ailleurs déchiré par une double et cruelle souffrance: il aimait, il était aimé, et son absence allait plonger, à la fois, dans la douleur, sa mère dont il était chéri, et la jeune fille à qui son sort devait s'unir.

Il fallait partir cependant! Après avoir tristement traversé la France presque entière, le pauvre milicien arriva à Béthune et fut immédiatement incorporé dans le régiment.

Quel contraste ne trouva-t-il pas! A Marseille, dans sa belle ville, la liberté d'abord, puis des nuits tièdes, des brises embaumées, la mer brillante qui joue sur les cailloux d'un rivage planté de citronniers et de grenadiers en fleurs, le souvenir de sa maîtresse, les caresses d'une mère chérie, un travail gai, facile, généreux........ A Béthune, la servitude militaire, un ciel sombre et froid, un vent qui pénètre, des caporaux grossiers, des factions sur les remparts, des patrouilles aux marais boueux.

Le malheureux Provençal croyait avoir passé dans un autre monde.

Ses camarades, cependant, l'excitaient à jouir des délassemens permis aux soldats; ils l'invitaient à se livrer à leurs jeux, ils voulaient l'initier aux plaisirs de l'escrime et de la taverne. Le pauvre Pierre restait appuyé contre les piliers de la chambrée: là, les yeux fixes, la tête penchée sur la poitrine, il songeait à sa patrie absente, à ses amours évanouies, à sa vieille mère qui priait sans doute pour lui, agenouillée dans quelque coin de la maison devenue déserte.

Le printemps revint à Béthune, et avec lui les hirondelles que Pierre regarda voleter en pleurant; car elles avaient traversé Marseille. Les soldats, au lieu de faire une heure de faction aux murailles, en firent deux, preuve la plus irréfragable, dans le métier de la guerre, du retour de la belle saison.

Pierre Verd parut se ranimer un peu sous l'influence du soleil de mai: déjà sa gaîté méridionale se trahissait par quelques spirituelles saillies, et ses camarades se rejouissaient de le voir devenu tout-à-fait soldat, quand un matin, le brigadier de semaine, en faisant la visite des écuries, le trouva pendu, en face du râtelier aux fourrages, à l'une des chevilles qui servaient à ranger les selles et les harnais.

On accourut de tous côtés aux cris du brigadier: on détacha le corps, il était glacé. Le premier soleil de mai avait tué le pauvre Pierre!

Les magistrats de la ville et les chirurgiens de l'échevinage et du régiment furent appelés. On commença par procéder au choix d'un curateur au corps du défunt: puis un procès-verbal fut dressé contradictoirement avec le curateur élu. Il résulta d'une double enquête la preuve que la jarretière à laquelle le cadavre avait été trouvé appendu, était celle même du défunt dont le corps ne présentait aucune trace de violence. Le procureur du roi de l'échevinage ayant refusé de donner suite à cette information, et ses assesseurs, dans le même but, s'étant dits, les uns malades, les autres absens, le sieur Jean-François Poëtart fut commis pour faire les poursuites et diligences, et le 12 mai de l'an 1700, comparut à la barre de l'échevinage, jugeant à la conjure du grand bailly, le curateur du défunt, pour répondre aux réquisitions que la partie publique se proposait de prendre à la charge du cadavre de Pierre Verd, accusé de s'être étranglé, défait et homicidé pendant la nuit du 10 au 11 du mois de mai.

L'intérêt qu'avait inspiré Pierre Verd, et la nouveauté de la procédure avaient attiré à l'échevinage un grand concours de gentils-hommes, de militaires, de bourgeois et d'habitans de la campagne.

Lecture faite du procès-verbal de l'état dans lequel se trouvait le cadavre, contenant le rapport du chirurgien juré, de l'ordonnance de nomination du curateur audit cadavre et des informations sur les lieux, on procéda à l'interrogatoire du curateur qui dénia s'être pendu et donna l'explication de sa mort soit accidentelle, soit violente. Les témoins furent alors récolés en leurs déclarations et confrontés audit curateur qui persista dans ses dénégations et explications. Le commis aux fonctions du procureur entendu, les maires et échevins, de l'avis et conseil du grand-bailly, rendiren l'arrêt suivant:

» Disent et déclarent ledit curateur, ès-» noms et qualités, atteint et convaincu de » s'être défait et homicidé soi-même, s'étant » accroché à une cheville avec sa jarretière, » en sorte qu'il s'est étranglé et suffoqué, » dont il est décédé. Pour réparation de » quoi, ordonnons que sa mémoire de-» meurera éteinte, condamnée et suppri-» mée à perpétuité, et sera son cadavre at-» taché, par l'exécuteur de la haute justice, » au derrière d'une charrette et traîné sur » une claie, la tête en bas et la face contre » terre, par les rues de cette ville, jusqu'au » lieu patibulaire, où il sera pendu par les » pieds à une potence qui, pour cet effet, » sera plantée au lieu dit, et ensuite son » corps sera jeté à la voirie. Déclarons tous » et chacun de ses biens acquis et confisqués » au profit de sa Majesté, sur iceux préa-

» lablement pris les frais et mises de jus-
» tice. »

Et le 12 du mois de mai 1700, sur les six heures de l'après-midi, cet arrêt, ainsi que le constate un procès-verbal dressé par le greffier de l'échevinage, était lu à la bretèque de la ville, au son de la grosse cloche, et mis à exécution par le maître des hautes-œuvres.

Divers réglemens, dont la plupart émanaient des échevins, déterminaient les obligations des bourgeois et des membres de chacune des corporations, ainsi que les peines applicables à leur inexécution ou à leur violation. L'un de nos manuscrits conservés renferme quelques uns de ces réglemens appelés *bans*.

Ce sont ceux de la justice de Béthune, sous la date du 15 mai 1495.

A des dates voisines de cette époque s'y trouvent les bans sur le fait des taverniers, des *décarqueurs* de vins, des courtiers de *bestes*, de l'*eswart* de *pourcheaux*, des *eswandeurs* des rues, des *eswards* des pierres; les bans sur le fait du sel, sur le fait des *candelles*, ceux du lin et *de le canvre*, *eswards de le thuille, de le brique, de le latte et du clou;* ban des barbiers, ban et ordonnance sur le fait du gouvernement de la rivière et des vaisseaux naviguant sur icelle; ban de la pelletrie, ban de l'*estain*, ban de la *cernoise* et autres breuvages brassés en ville; *eswards* de la *cernoise*, du blé, du cuir; ban de la draperie, des tisserands, des fouleurs, des tondeurs de drap, des laines et fils pour les *eswandeurs* de draperie; l'ordonnance de 1402 pour faire draperie marchande, ban des *mangniers* (meuniers), ban sur le fait de la poissonnerie, ban sur le fait de la *soyeterie*, ordonnance sur les draps de *soye* et satins.

Ces bans étaient indépendans des statuts

et chartres des corporations, qui concernaient les obligations et droits respectifs des uns envers les autres dans chaque corporation.

Les échevins, comme édiles, rendaient de fréquentes ordonnances sur la tenue et la police des marchés qui paraissent avoir eu de tous temps de l'importance dans cette ville. Ils avaient lieu comme actuellement le lundi de chaque semaine; il y avait en outre deux franches foires qui se tenaient, l'une le lendemain de la Chandeleur et l'autre le lendemain de la St.-Barthélemy. La première a été instituée par une chartre de Marguerite, comtesse de Flandre et d'Artois, en date du 28 juin 1373: la seconde est plus ancienne, on ne retrouve pas la chartre de son institution: toutes deux ont été confirmées par lettres de l'archiduc Albert et d'Isabelle, de décembre 1612. La ville payait au domaine, pour ces deux foires, à titre de reconnaissance de leur franchise, une somme de 6 livres 15 sols. En 1530 on tenta de changer l'époque de la foire de St.-Barthélemy, mais elle fut rétablie peu après. Un arrêt du conseil d'Artois, en date du 10 février 1705, avait accordé l'établissement d'un franc-marché, pour les bestiaux, le dernier vendredi de chaque mois.

On retrouve encore, sur les registres de l'échevinage, de nombreuses ordonnances pour prendre des mesures sanitaires pendant les épidémies. Nos magistrats s'occupaient aussi de la défense de la place. C'était par leurs soins et aux frais de la ville que les remparts étaient réparés ou réédifiés. On trouve une grande quantité de marchés, notamment en 1491, 1557 et 1558, pour ces travaux exécutés au nom de la ville, ainsi qu'un grand nombre de procès-verbaux *de la visitation* et réception de ces mêmes travaux par les échevins. Ils étaient en possession des remparts dont les herbes étaient louées au profit de la ville; il y a même arrêt du conseil d'Artois qui a maintenu dans ce droit les échevins contre la prétention du gouverneur

Le zèle des échevins s'étendait jusque sur la somptuosité des bourgeois. A la date du 30 avril 1555, se trouve une ordonnance par laquelle ils limitent à vingt le nombre des convives dans les repas de noces. Ils règlent la durée des banquets et des danses par une autre ordonnance de 1587.

Un usage qui paraît remonter à une haute antiquité, voulait que, quand quelques seigneurs ou personnages éminens entraient, pour la première fois, dans cette ville, le corps échevinal se présentât hors de la ville et leur offrît des vins d'honneur. En 1713, les échevins portèrent un réglement pour déterminer l'importance de ce présent, eu égard à la qualité de ceux qu'on en devait honorer. Ce réglement fixe à 36 bouteilles, les vins d'honneur à offrir aux princes, aux ducs et pairs, maréchaux de France et gouverneurs-généraux de la province; à 24 bouteilles, ceux destinés aux lieutenans-généraux, intendans, évêques et gouverneurs de la ville; et à 12 bouteilles, les vins des députés aux états d'Artois et des présidens du conseil d'Artois. Il y avait un registre *ad hoc* sur lequel se mentionnait la présentation de ces vins. Le plus ancien que l'on ait conservé remonte à 1634. A la date du 6 décembre 1708, il relate la présentation, aux ducs de Bourgogne et de Berry, petits-fils de Louis XIV, de deux pièces de vins. Probablement ce fut cette munificence, d'autant plus onéreuse pour la ville, que les occasions de la renouveler étaient fréquentes, qui détermina le réglement de 1713. Les comptes de cette époque font en effet figurer des sommes assez importantes pour cette dépense.

A leur entrée en exercice, les échevins prêtaient le serment de garder les droits de Dieu, de l'église et du seigneur, ainsi que les chartres, priviléges, us et coutumes de la ville, de défendre et protéger les veuves et les orphelins, et de faire droit à toutes parties qui le requerraient, en faisant bonne justice et rendant loyaux jugemens.

Il fallait avoir le droit de bourgeoisie pour être élu échevin.

Ceux qui n'étaient pas fils de bourgeois, n'étaient reçus dans la bourgeoisie que sous certaines conditions et obligations. Voici le serment qu'ils devaient prêter à leur réception.

» Vous jurez de garder les droits de Dieu,
» de la sainte église, du royaume, et les us,
» coutumes, franchises et priviléges de
» cette ville, comme appartient à bour-
» geois, et obéirez aux échevins, prévôt et
» mayeurs, les conseillerez et aiderez en

» bonne foi, si mestier est, à vos sens et
» à votre pooir, et ne désobéirez à ce qui sera
» ordonné ou commandé soit tailles, veil-
» lées, ouvrages, argent ou aide dont à ce
» doit bourgeois contribuer, et ne ferez
» ou faire ferez assemblée ni alliance con-
» traires à la ville ni auxdits échevins, pré-
» vôt et mayeurs; si le savez, vous le ferez
» connoître au conseil de la halle et aux
» échevins. Vous contribuerez comme les
» autres bourgeois à tous les frais et mises
» de cette ville, pour l'acquit d'icelle en
» quelque manière que se prenne et assoye,
» et à ce vous soumettez et obligez ensem-
» ble de comparoir à tous mandemens qui
» vous seront faits sous peine d'être cassé
» de ladite bourgeoisie. Au surplus on vous
» déclare que l'on réserve que, si d'au-
» jourd'huy en sept ans, prochains venant,
» vous, vos femme et enfans étiez empêchés
» de la maladie de St. Ladre, vous ne jouiriez

» du pain de la maladrerie de cette ville et » que si prenez état de mariage à aulcunes » des bourgeoises, paravant lesdits sept ans » expirés, vous payerez droit de septième au » profit de cette ville. »

La réception de chaque individu admis bourgeois était constatée sur un registre que nous possédons encore: sa première annotation est du 3 avril 1349, et la dernière du 11 juillet 1788. On y trouve aussi mentionné les sentences par lesquelles les échevins retiraient le droit de bourgeoisie pour inconduite ou infraction aux devoirs que comportait ce titre. Ces sentences déclarent que les individus qu'elles concernent, sont abandonnés par la ville, comme forains.

En parlant des bourgeois de Béthune, nous devons une mention particulière à Jean Buridan, Recteur de l'Université de Paris. Il est né à Béthune en 1298. Son sophisme de l'âne, devenu et resté proverbial, lui a valu plus de célébrité que ses ouvrages sur la philosophie , tout érudits qu'ils sont. Il supposait un âne, également pressé par le besoin de la faim et celui de la soif, entre une mesure d'avoine et un sceau d'eau, faisant une même impression sur ses organes olfactifs. Il demandait: que fera cet âne? Répondait-on, il demeurera immobile; donc, concluait-il, il mourra de faim et de soif entre l'avoine et l'eau. Disait-on que cet âne ne serait pas assez âne pour se laisser mourir dans une telle situation; donc, en déduisait-il, il se tournera d'un côté plutôt que de l'autre, encore que rien ne le pousse plus fortement vers ce qui doit étancher sa soif que vers ce qui doit satisfaire sa faim; donc il a le libre arbitre, donc etc. Ce Sophisme embarrassa de graves et doctes personnages et fut le sujet de vives controverses. Buridan, persécuté par ses ennemis, se réfugia en Allemagne où il fonda l'université de Vienne.

Est aussi né à Béthune, Amerlan ou plutôt Averlan, auteur d'un ouvrage rare et curieux intitulé: *le livre de la Diablerie, en rimes et par personnages*, dont les principaux sont Lucifer et Satan qui rapportent *tout au long et sans rien déguiser, les abus, faultes et péchiez que les hommes commettent journellement.* Les discours des deux démons sont enrichis de passages tirés tant de l'Ecriture sainte que des anciens poètes: cet ouvrage a été imprimé à Paris en 1508 et 1531.

La population de Béthune trouvait anciennement ses plaisirs ordinaires, les jours de fête, dans les exercices et les jeux du tir à l'arc et à l'arbalète, et dans les combats d'animaux.

Sur la partie de nos communaux en face du parc d'Annezin, se trouvaient disposés des mâts très-élevés pour le tir à l'oiseau; des berceaux y étaient aussi établis pour le tir horisontal. Chaque dimanche, dans la belle saison, là s'engageaient des luttes d'adresse entre les compagnies d'archers et d'arbalétriers de Béthune et celles des communes voisines. La confrérie de Béthune fut instituée par une chartre en date du 1er mai 1396: son chef s'appelait *Connétable.* Cette confrérie était propriétaire des terrains que comprend l'arsenal, où se trouvaient aussi des berceaux pour les exercices des archers et des arbalétriers.

Les combats d'animaux avaient lieu dans le faubourg des Fers, au lieu nommé *la Gloriette*, vaste taverne où se faisaient aussi toutes les publications. En effet, nos manuscrits mentionnent que telle ordonnance a été non seulement publiée à la bretèque, mais encore criée, trompétée et tambourinée à la *Gloriette.*

Les combats de coqs étaient les plus en vogue. Dans une lice assez restreinte qu'entoure le public, deux coqs, de l'espèce dite coqs de combat, sont mis en présence ; ils sont éperonnés de longues et acérées pointes de métal. Deux juges du combat sont nommés pour en faire observer les lois. Les paris d'abord ouverts sur l'opinion que les parieurs se font du résultat du combat, d'après la réputation des champions et la pureté de leur origine, (car les coqs de combat ont leur généalogie soigneusement constatée) ces paris, disons-nous, se grossissent durant la lutte avec les alternatives de chances favorables ou défavorables. La foule des spectateurs pressés, s'étage de manière à ce que les premiers rangs n'aient pas seuls le plaisir de voir les deux combattans s'entre-tuer. Sur la physionomie déjà animée par les boisson, de ceux qui ont engagé quelques enjeux, les progrès du combat peuvent se suivre ; à l'avide curiosité qui s'y dépeint, succèdent alternativement les impressions de l'espoir chez les uns, de la crainte chez les autres, puis de la joie du succès inespéré pour ceux-ci et du désappointement pour ceux-là. Cependant les deux coqs sont lâchés, ils s'élancent impétueusement l'un vers l'autre ; arrivés à distance de combat, il y a de part et d'autre un temps d'arrêt, comme pour apprécier le fort et le faible de l'attaque et de la défense; les deux combattans se mesurent par quelques mouvemens de tête; leurs dispositions prises, l'un d'eux saisit le premier moment favorable à l'attaque pour s'élancer à la tête de son rival et la transpercer de ses deux éperons. Celui-ci, en évitant le coup, profite à son tour de la chûte ou de la surprise de l'assaillant pour devenir agresseur ; l'un et l'autre déploient, pour rester victorieux, toutes les ressources de l'adresse et de la valeur. L'arêne est ensanglantée, mais il s'agit d'un combat à mort et souvent le vainqueur, à peine a eu le temps d'entonner son chant de victoire sur le corps du vaincu, qu'il retombe inanimé à ses côtés; quelquefois aussi un coq adroit et valeureux parvient, du premier bond, à saisir de son bec la crête de son adversaire et à lui plonger ses deux dards dans la tête, de manière à la traverser doublement de part en part, et d'une voix retentissante, il chante sa victoire et défie d'autres rivaux.

Le combat des pinsons, pour ne pas ensanglanter l'arêne, n'est pas un plaisir moins barbare. On brûle les yeux de ces malheureux oiseaux, afin que, lors du combat, leur sens de l'ouïe ne reçoive pas les distractions de la vue: on les renferme dans d'étroites cages qui empêchent tout mouvement. Chacune de ces cages disposées à quelques pas les unes des autres, ayant en face un marqueur juré, le combat commence. Le vainqueur est le pinson dont le marqueur a le plus d'entailles, dans un temps donné , sur le bâton sur lequel il fait une marque, chaque fois que l'oiseau a fait entendre toutes les notes de son chant. Souvent, avant l'expiration du temps fixé pour la durée du combat, le vainqueur lui-même est tombé exténué des efforts qu'il a faits pour dominer le chant des autres; et les neuf dixièmes des cages sont rapportés vides de leur prisonnier.

Tels étaient les plaisirs et les jeux de nos pères dans les siècles précédens. A quelque distance de Béthune, dans tout le *Bas-Pays*, ils sont restés tels que nous venons de les décrire, et ils y sont toujours l'occasion de nombreuses réunions.

ÉVÈNEMENS DIVERS.

IV.

On ne saurait jeter un coup-d'œil sur l'histoire d'un pays, sans demeurer convaincu que ce n'est que par une amère ironie que l'on dit de âges passés: *le bon vieux temps*. On ne peut même trop s'étonner qu'il se rencontre, dans les classes les plus élevées de la société, des personnes qui, prenant à la lettre cette qualification des siècles précédens, n'ont ni assez d'éloges, ni assez de regrets à donner à des temps qui n'ont eu de remarquable que les fléaux de tous genres qui les ont désolés On n'y voit en effet que guerres se rallumant sur les prétextes les plus futiles, nonobstant les traités les plus solennellement jurés, incendies des villes, massacre des populations; et, comme si ce n'était pas assez des efforts destructifs de l'homme, la nature leur venait en aide par de fréquens tremblemens de terre, d'annuelles inondations et de permanentes maladies pestilentielles, suivies ou précédées de famines. Ce résumé n'a rien d'exagéré: pour s'en convaincre, il suffit de se rappeler ce décret appelé *la trève de Dieu*, par lequel il était défendu de tuer, voler, piller, brûler château, bourg ou village, *depuis le mercredi après le coucher du soleil jusqu'au lundi suivant à son lever*. Les annales de cette ville sont, au surplus, remplis de relations des calamités dont nous venons de parler.

Le onzième siècle fut marqué par de nombreux tremblemens de terre dont les plus désastreux furent ceux de 1013, 1080, 1086, 1093 et 1094. Quelques unes des secousses furent telles que les rivières furent rejetées de leur lit. Les inondations qui en résultèrent, donnèrent lieu à des pestes et à des famines qui décimèrent les populations de l'Artois. La peste, en 1093, eut cela de particulier, que, comme un feu ardent, elle dévorait jusqu'aux os les parties du corps qui en étaient attaquées. C'était une espèce de charbon pestilentiel qu'on nomma *ignis sacer*. C'est à l'occasion de cette peste que la ville d'Arras fut dotée de sa sainte chandelle.

Ces tremblemens de terre se renouvelèrent en 1117, 1119, 1133, 1246, 1247, 1248, 1284 et 1290.

Des maladies épidémiques envahissent Béthune, dans la plupart de ces années. Elles y exercèrent de nouveaux ravages en 1146, 1158, 1165, 1173, 1187, 1188, 1194, 1199, 1221, 1234, 1350, 1351, 1392, 1429, 1532, 1543, 1557, 1558, 1585, 1603, 1626, 1636, 1648, 1667, 1668, 1669 et 1723.

Celles de 1146, 1194 et 1351 notamment furent accompagnées de famines qui comptèrent autant de victimes que la peste.

Ce fut pendant l'épidémie de 1188, que deux maréchaux-ferrant, Germon, de Beuvry, et Gautier, du faubourg St.-Pry, publièrent que St.-Eloy leur était apparu et les avait chargés d'instituer en son honneur une confrérie, dont les membres ne devaient pas éprouver les atteintes des maladies pestilentielles, aussi long-temps qu'ils rempliraient avec zèle leurs devoirs. Ces devoirs consistaient à soigner les pestiférés, à ensevelir et à enterrer les morts. Par les soins de

Rogon, prieur de St.-Pry, cette confrérie fut alors fondée. Elle fut unie en 1574 à celle de St.-Nicolas et obtint en 1738 des lettres-patentes, confirmatives de son institution. Cette institution. s'est perpétuée jusqu'à nos jours. Nous devons à la plume élégante de l'un des magistrats de ce siége, une relation de la peste de 1188, et de la fondation de la confrérie des Charitables de St.-Eloy. Nos lecteurs nous sauront gré de l'insérer dans cette notice.

1.

La Peste

« Les rues de Béthune étaient bien tristes en l'an de grâce 1188, alors que la peste désolait la ville et les faubourgs! Riches et pauvres, nobles et manans, jeunes et vieux, tout venait se ranger sous le niveau contagieux de ce désastreux fléau. Chaque matin, la crécelle funèbre demandait *un de profun-*

dis pour 42 victimes enlevées depuis la veille; et le lendemain, la peste avait marqué de son sceau hideux, et le bédeau qui agitait la crécelle et les fidèles qui priaient naguère pour les trépassés. Pendant la première période de la maladie, ceux qui succombaient, trouvaient des soins et un convoi, mais peu à peu la terreur devint générale; elle engendra l'égoïsme; le pestiféré haletait en vain sur son grabat, nulle main amie ne se présentait pour étancher sa soif; le désespoir grimaçait ses yeux ternes et tordait ses bras jaunis, sans qu'une voix consolatrice vînt le rappeler à l'espérance et lui parler de Dieu. Il mourait, et sur ce cadavre défiguré, pas même un rameau trempé d'eau bénite, ne venait secouer ces paroles: *repose en paix*.......

Les familles s'éteignaient une à une, car le fléau, une fois entré dans une maison, la dépeuplait vite. Il saisissait l'homme au travail, la mère auprès du berceau de son enfant, ce dernier à la mamelle, le prêtre à l'autel, les animaux eux-mêmes étaient soumis à sa funeste influence. Les quelques valides que la peste respectait encore, se traînaient à l'église pour y conjurer l'éternel; ils y venaient rarement deux jours de suite..... Quelquefois même, ils n'en sortaient pas..... Le clergé priait en permanence, les processions se renouvelaient à chaque instant, mais leur seul résultat était de laisser dans les âmes un redoublement de frayeur. C'était chose triste de voir un prêtre promenant l'image de Dieu dans les rues silencieuses et jalonnées par des cadavres qu'on n'avait pas la force d'enterrer! Et derrière le prêtre, une longue file de pestiférés, qui semblaient autant de morts suivant machinalement leur propre convoi!

Le découragement était complet: le père refusait des soins à son fils, l'enfant à sa mère. Un parent tombait-il malade, on s'éloignait de lui avec terreur; mourait-il, on ne prenait pas la peine d'ensevelir son corps, qui demeurait exposé sur le parvis de l'église, où venaient le recouvrir de nouveaux cadavres. Le glas funèbre de la tour de St.-Vaast se fesait seul entendre dans la cité déserte; bientôt il ne tinta plus, l'église n'ouvrit plus ses portes et Béthune devint comme un vaste cercueil qui attend la pelle du fossoyeur.

II.

La Vision.

Il était bien fatigué le forgeron du faubourg St-Pry, dans cette soirée d'octobre qui avait vu mourir son plus jeune enfant! Il était bien triste en traversant sa forge déserte, d'où la peste avait enlevé depuis deux jours son dernier ouvrier. Oh! qu'il avait besoin de courage, pour supporter les malheurs qui lui étaient survenus depuis tantôt deux mois! Il avait vu mourir son vieux père, sa femme, ses deux filles, ses deux fils; il demeurait seul au monde... Et cependant, pas une plainte ne s'exhalait de sa bouche chrétienne; s'il se sentait faiblir, il invoquait le nom de la Vierge, ou relisait la vie du saint homme Job, et alors son cœur reprenait une nouvelle énergie. Loin d'imiter l'insouciant égoïsme de ses voisins, il passait la journée à consoler les pestiférés, à leur donner des soins; trop faible pour porter seul les morts au cimetière, il les ensevelissait de son mieux et récitait auprès d'eux les psaumes du saint roi David. Harassé par ces pieuses occupations, il s'était jeté sur son lit, pour y attendre, à son tour, le fléau qui avait ravagé sa famille. A peine avait-il trempé sa main droite dans le bénitier posé au-dessus du Christ en bois qui décorait son chevet, que ses yeux sont éblouis par une clarté soudaine. Il fait le signe de la croix, et son âme demeure frappée d'une sainte extase en voyant apparaître le bienheureux Saint-Éloi, tel qu'il est représenté sur la bannière de la confrérie, placée sous sa protection. Gautier se prosterne la face contre terre: « Béni le nom de Dieu, dit le Saint, heureux ceux qui suivent ses commandemens! » Le forgeron récite à haute voix: « Je crois en Dieu le Père, Tout-Puissant...... Vous allez, reprit Saint-Éloi, suivre la route de Béthune à Beuvry, vous rencontrerez Germont, forgeron comme vous et comme vous, serviteur zélé de Dieu et de la Vierge. Vous construirez, au lieu même de votre réunion, une Chapelle sous mon invocation et instituerez une Confrérie de gens pieux, qui se dévoueront au service des morts. La peste vous épargnera et avec vous, ceux qui auront la foi. Allez, car telle est la volonté du ciel.

III.

La Rencontre.

Un étranger qui visite l'église de Béthune, est arrêté par la vue d'un tout petit tableau qui paraît représenter une énigmatique allégorie: on y voit deux maréchaux-ferrants, revêtus du costume de leur profession, nu-tête et se tenant étroitement embrassés.

Cette peinture, due au pinceau de M Legris, qui en a doté la Chapelle de St.-Éloi, est ce que j'appellerai la charte primordiale de la Confrérie des Charitables. Elle montre Gautier et Germont, au moment de leur rencontre, et au lieu même, où, suivant le commandement du Saint, fut érigée la Chapelle.

Le forgeron de St -Pry, revenu de la contemplation où l'avait laissé la visite du bienheureux, s'empressa d'obéir à ses ordres, sans en commenter la portée. Prenant cette vision au sérieux, et ne l'attribuant pas à une fallacieuse hallucination, il suivit aussitôt le chemin de Beuvry; et, arrivé au point de jonction des deux paroisses, lieu appelé la Fontaine de Quinte, il y rencontra, suivant la prédiction du Saint, le maréchal de Beuvry, Germont. S'embrassant avec effusion, ils se racontèrent leur vision. (St.-Éloi était aussi apparu à Germont et lui avait donné la même inspiration.) Tous deux se rendirent au monastère de St.-Pry pour y réclamer les conseils d'un prieur renommé par sa sagesse, et le lendemain tout Béthune retentissait de la protection accordée à la ville par le bienheureux St.-Éloi. L'église rouvrit ses portes, les cloches sonnèrent et les habitans se prirent à espérer en la miséricorde d'un Dieu qui révélait ainsi sa puissance.

IV.

Les Charitables.

Telle fut, suivant les traditions locales, l'origine miraculeuse de la confrérie, dite des Charitables. Cette corporation, composée d'abord des premiers magistrats de la cité, se recrute annuellement depuis 1188 dans tous les rangs de la société. Elle a ses statuts, ses lettres-patentes, sa discipline: ses membres enterrent les morts sans distinction et le plus souvent, sans rétribution aucune. Tel est le respect qu'elle commande, qu'à une époque où la mortalité, devenant plus intense, exigeait pour l'inhumation des morts un plus grand nombre de bras, le prévôt des Charitables requit l'assistance des personnes qui se trouvaient sur le passage des convois, et messire César Leclercq, écuyer, lieutenant de la ville et du château de Béthune, seigneur de Colidant, n'osa refuser de porter en terre un corps infecté, étant convoqué de par Dieu et saint Éloi.

A une autre époque, le prévôt Desauteure était convié au banquet du gouverneur de Béthune, et le comte et la comtesse de Gomicourt tenaient à honneur de le placer entre eux et de boire dans le même verre que lui.

Ajoutons qu'il est sans exemple qu'un charitable ait été atteint des maladies contagieuses qui, au 12e siècle et plus tard, ont affligé la ville de Béthune et ses faubourgs.

La confrérie des Charitables, dissoute le 15 fructidor an 5, continua en secret d'enterrer les morts: réinstallée le 25 floréal an 10, elle a depuis rendu les plus grands services à la population indigente de la cité. »

La peste de 1558 fit de si effrayans ravages, que ce n'était que par réquisitions, en vertu de sentences de l'échevinage, que l'on parvenait à l'inhumation des morts. Celle de 1723 fut appelée *la suette*. De la Picardie, elle envahit l'Artois et gagna Béthune. Cette maladie commençait par un violent mal de tête, suivi de grosses sueurs et de vomissemens qui avaient pour résultat la mort, quelques heures après les premières atteintes du mal.

La plupart de ces maladies pestilentielles, si fréquentes autrefois, survenaient à la suite d'inondations que causaient soit les tremblemens de terre, soit des pluies extraordinaires, soit la retenue des eaux pour la défense de la ville. Toujours aussi, aux miasmes putrides qui s'exhalaient des terrains submergés, venait se joindre l'état maladif de toute une population réduite à des alimens de mauvaise qualité, dans ces temps de guerre, d'envahissemens et de ravages continuels. En 1557, la peste fut attribuée à l'innombrable quantité de mendians et de gens sans aveu qui, à la suite des guerres qui venaient de les rendre tels, se réfugièrent dans Béthune. Elle dura depuis mai jusqu'à la fin de septembre. Les échevins ordonnèrent l'expulsion de tous ces mendians, et une procession eut lieu le 3 septembre, pour faire descendre du ciel un regard de pitié sur la population décimée de cette ville.

Une autre maladie, la lèpre ou *ladrerie*, infectait aussi ce pays. On reléguait ceux qui en étaient atteints dans des lieux écartés: on y bâtit ensuite des hôpitaux que les seigneurs et la charité publique dotèrent. Ces hospices se nommaient *la Ladrerie*, *Maladrerie* ou *St.-Ladre* par corruption de *St.-Lazare*, sous l'invocation de qui on les plaçait. Les hospices des pestiférés s'appelaient *Béguinage*. Celui de Béthune était dans le faubourg St.-Vaast. Sa fâcheuse position, au milieu d'habitations, le fit transférer, en

1615, sur trois mesures de terre que la ville acquit, à cet effet, dans le même faubourg, le long de la rivière des deux moulins, sur la Verte-rue. En 1617, un hôpital y fut construit: il tomba en ruine peu après; car, dès 1730, la ville affermait ces trois mesures de terre, alors remises en état de culture. La maladrerie de Béthune était sur un terrein d'une contenance de cinq mesures, contre le grand chemin d'Arras, au-dessus des Bois Dérodés, et contre le petit triangle de terre qu'on appelait *l'Avouerie de Béthune*.

L'hydrophobie faisait anciennement chez nous d'annuels ravages. Le fréquent renouvellement des ordonnances sur les hommes et les animaux atteints de la rage, en est la preuve. Ce n'etait que dans la superstition que l'on cherchait les moyens de guérir ou de soulager les malades. Ainsi, on pensait généralement que certaines familles avaient reçu de saint Hubert le pouvoir de combattre cette cruelle maladie; et, de père en fils, les membres de cette famille étaient en possession de traiter les personnes qui en étaient atteintes. Avec certaines pratiques, ils donnaient ce qu'on appelait le *répit*. C'était une cautérisation de la plaie, à l'aide d'une clef qu'on prétendait provenir de saint Hubert. Ces individus prenaient le titre de *donneurs de répit:* c'était leur profession. Dans les villes, on leur payait, sur les fonds communaux, une rétribution annuelle. Dans un compte de 1735, nous trouvons encore, et ce n'est pas sans étonnement:

» Par ordonnance des échevins, du 26
» octobre 1734, payé à Marc Martin, don-
» neur de répit en cette ville, la somme de
» soixante livres, pour une année de ses ga-
» ges, d'avoir donné le répit aux personnes
» et aux animaux mordus de chiens enragés,
» comme étant de la famille de saint Hu-
» bert. »

Ce sont maintenant les tribunaux correctionnels qui se chargent de régler avec les donneurs de répit, fussent-ils de la famille de saint Hubert.

Les guerres furent, dans nos environs, presque sans relâche durant les siècles précédens. Les redire toutes, ce serait entreprendre l'histoire entière non-seulement de ce pays, mais encore de la Flandre et de la France. Nous nous bornerons donc à mentionner celles qui eurent plus particulièrement pour théâtre cette ville et ses environs.

Sans nous occuper des temps antérieurs aux premières années qui suivirent l'époque de la fondation de Béthune, dès 1054, l'on voit Jehan de Béthune prendre parti pour l'empereur Henri III contre Bauduin V, surprendre Lille et en massacrer les habitans. Ce prince ayant été refoulé en Artois, notre pays est dévasté par une guerre que ne termine pas le traité de 1057.

En 1070, Richilde, veuve de Bauduin VI, exclue de la tutelle de ses enfans, fait soutenir ses prétentions par les armes de Philippe Ier. Robert le-Frison se met à la tête des Flamands mécontens du gouvernement de Richilde. La guerre civile éclate, et tout ce pays subit les horreurs qu'elle entraîne. Béthune et quelques villes voisines, contenues par de nombreuses garnisons, restent fidèles à Richilde, assiégée dans Lille. Philippe, accouru à son secours, est battu à Cassel, mais Robert, à son tour vaincu, est fait prisonnier; il est échangé contre Richilde, qui s'est aussi laissé surprendre, et Philippe se venge de la mise en liberté de son ennemi, en mettant au pillage St.-Omer qu'il incendie. Cette guerre se continua avec d'étranges vicissitudes jusqu'en 1076. Quelques querelles particulières de seigneur à seigneur désolèrent encore l'Artois pendant la fin du onzième siécle.

En 1105, l'empereur Henri IV, nonobstant le traité de Cologne, reporta la guerre dans ce pays. Elle fut continuée par son successeur qui se ligua avec le comte de Hainaut. En 1110, éclatèrent ces guerres acharnées entre la France et l'Angleterre, guerres qui ne finirent que sous le règne de Charles VII, trois siècles après.

Charles Ier, successeur de Bauduin VII, ayant été assassiné à Bruges, dans une émeute occasionnée par la cherté des vivres, Louis *le-Gros*, après avoir vengé sa mort sur les populations de ce pays, leur imposa Guillaume, neveu du roi d'Angleterre; mais celui-ci se déclara pour Thierry d'Alsace, ce qui mit de nouveau en conflagration générale l'Artois et la Flandre. Bauduin, comte de Hainaut, profitant de l'absence du comte de Flandre, alors en Palestine, fit une irruption en Artois, vers 1140; il saccagea cette province: les Hollandais en firent autant en 1165.

La cession de l'Artois, par Philippe d'Alsace, à sa nièce Isabelle, faite sans le consentement des états de Flandre, fut le principe de longues et sanglantes guerres entre la France et la Flandre. Le traité de Péronne, en 1192, ne fit que les assoupir un instant. Dès 1195, elles se rallumèrent avec un nouvel acharnement. En 1197 Béthune fut assiégée: les bourgeois, réduits à leurs propres forces, repoussèrent les assiégeans, après plusieurs sorties meurtrières. En 1214, les horreurs de la guerre étaient encore à nos portes: Houdain et tous les villages de la vallée de la chaussée-Brunehaut furent alors livrés au pillage et incendiés.

La chaussée-Brunehaut, dont nous venons de parler, est le seul vestige, dans nos environs, du passage et du séjour des Romains en ce pays. C'est une voie militaire que ces anciens conquérans établirent à travers l'Artois, jusqu'aux rivages de la mer. Elle est restée connue sous le nom de la reine à qui l'on attribue sa réparation. Cette chaussée sert encore de chemin à plusieurs communes de notre arrondissement, qui se sont érigées sur ses bords.

L'une d'elles, Gauchin-Legal, doit son surnom à un énorme galet que l'on voit encore enchaîné à une borne, sur la place de ce village.

Une tradition, accréditée dans le pays, assure qu'un jour ce galet se trouva dans le village de Gauchin, sans qu'on pût soupçonner comment et par qui il y avait été transporté. On crut généralement que ce ne pouvait être qu'un présent de l'esprit des ténèbres, quand au grand étonnement de tous, il ne fut plus permis de douter de la singulière faculté qu'avait cette pierre de se mouvoir d'elle-même: elle employait, en effet, les nuits, à parcourir les rues du village; chaque matin, on la retrouvait assise sur le seuil de la porte de l'une des maisons. Quelque peine et quelques précautions que l'on prît pour la reporter loin des habitations et la fixer, soit en la surchargeant de grès, soit en l'enterrant profondément, on ne la retrouvait pas moins, le lendemain matin, installée contre une porte. Toutes reçurent successivement cette étonnante visite, et les habitans ne recouvrèrent des nuits paisibles et un sommeil non interrompu par l'effroi, que lorsqu'ils conçurent et exécutèrent le projet d'enchaîner le galet nomade à une borne où il figure depuis plusieurs siècles, expiant ses fautes, comme un criminel attaché au pilori.

Dans une commune voisine, à Verdrel, hameau de Fresnicourt, se trouve encore une large pierre que, dans tout le pays, on nomme *la Table des Fées* et qui doit être l'une de ces pierres sur lesquelles les prêtres gaulois accomplissaient, au fond des forêts, les sanglans mystères du Druïdisme. On y remarque aussi les ruines d'un château que les Templiers habitèrent jusqu'au règne de Philippe-le-Bel.

Les expéditions qui, dans le 13e siècle, se renouvelèrent en Terre-Sainte, transportèrent la guerre dans ces pays lointains. Les seigneurs de cette province y entraînèrent, à leur suite, leurs vassaux qui pour la plupart y trouvèrent la mort. La presque généralité des seigneurs de l'Artois s'était empressée de voler avec Robert, comte d'Artois, à la conquête de la Palestine. Parmi eux, figurait le Sire de Gozon, seigneur de Camblin-Châtelain, dont la chronique suivante a conservé la mémoire.

Ce seigneur s'était arraché des bras de sa jeune femme pour suivre ses pairs en Palestine, à l'instant où tout, dans son domaine, témoignait encore de l'éclat des fêtes dont son récent mariage avait été l'occasion. On avait appris que, dans l'un des premiers engagemens qui avaient eu lieu à son arrivée au camp des Croisés, la fortune avait trahi le courage du sire de Gozon. Ses vainqueurs avaient-ils respecté ses jours, dans l'espoir d'une riche rançon? lui-même avait-il résisté aux peines et aux fatigues de l'esclavage, s'il n'avait succombé sous l'ardeur de ce brûlant climat? On l'ignorait, et cependant le riche domaine de Camblin-Châtelain n'était pas moins incessamment animé par les jeux et les plaisirs. La jeune comtesse de Gozon aimait la pompe et l'éclat des fêtes, elle y brillait et elle recherchait fréquemment l'occasion de briller. Elle n'avait pas laissé échapper celle que lui offrait le renouvellement de l'année, c'était alors le jour de Pâques. La foule était grande à Camblin-Châtelain. Les vassaux se livraient, dans le parc, aux plaisirs de la danse. Au milieu de cette foule, un mendiant inconnu de tous, conservant, sous les vêtemens grossiers et misérables qui le couvraient, un air de dignité peu commun à ses semblables, s'attachait d'une manière remarquable aux pas de Damp Brian, chapelain du château, qui présidait aux jeux des vassaux.

Que me veux-tu donc? lui dit avec quelque impatience Brian; est-ce un gîte? Présente toi au château, on n'y refuse l'hospitalité à personne. — Mais, je ne voudrais pas être confondu avec les voleurs et les bohémiens. —Tu es, à ce qu'il paraît, un mendiant de qualité? — Je suis un ancien soldat. — Eh bien ! adresse-toi au maître du castel.—Au sire de Gozon?... —Non, à celui qui le remplace.... au beau René de Villers, au page de prédilection de la comtesse, au maître enfin de céant; et le chapelain s'était éloigné, laissant le mendiant atterré.

Lorsque la cloche du château sonna l'heure de la dernière collation du jour, les convives de la comtesse se réunirent dans la salle d'honneur où un somptueux banquet était servi. La belle châtelaine, vêtue d'une robe de drap de soie noire, garnie d'hermine et la tête couverte de sa couronne aux cinq pointes, était assise sur une estrade qui dominait les siéges de ses convives; à côté était une autre estrade : c'était celle qu'occupait naguère le sire de Gozon ; les officiers de bouche le servaient comme s'il eut été là. René de Villers était sur le siége le plus voisin de l'estrade de la comtesse ; des joueurs d'instrumens, des baladins, des jongleurs occupaient le fond de cette vaste salle et récréaient les assistans de leurs jeux, de leurs danses et de leurs chants. Vers le milieu du repas, l'un des convives se levant, chacun l'imita, et faisant remplir les coupes à plein bord: *à la belle comtesse de Gozon, joie et santé* s'écria-t-il; tous répétèrent ce souhait avec des transports qui ébranlèrent les voûtes de la salle gothique. René, le beau page, saisissant la coupe du sire de Gozon, obtient, non sans peine, quelque silence, et dit: *au roi des époux, au comte de Gozon, bon jour, bon an et bon retour;* mais ces paroles, accompagnées d'un sourire adressé à la comtesse, trahissaient toute l'amertume de son sarcastique hommage. Aussi les bruyantes acclamations qui avaient accueilli le premier souhait, ne se renouvelèrent-elles pas, et le silence que gardèrent les assistans, ne fut interrompu que par un cri inarticulé qui s'échappa du groupe des jongleurs. Cet incident fit abréger la durée ordinaire du banquet.

Minuit venait de sonner, tout était devenu silencieux dans le château; deux hommes se dirigeaient à quelques pas de distance et avec les mêmes précautions, vers le même but, par l'obscure galerie qui conduisait aux appartemens de la comtesse. L'un, c'est René, entr'ouvre mystérieusement la porte de cette chambre et s'y introduit. Celui qui le suit avec non moins de mystère, c'est le mendiant, c'est le jongleur qui a jeté ce cri de sinistre augure.... c'est le sire de Gozon. La porte refermée l'a empêché d'aller plus avant; il a entendu un reproche adressé au beau page sur l'indiscrétion de sa bravade, puis un pardon vivement sollicité et enfin accordé. La fureur du sire de Gozon ne peut se contenir plus long-temps. Il a fait voler la porte en éclats, il est à deux pas des coupables, la dague au poing, le cri de la vengeance à la bouche, et le beau page a reçu le coup de la mort, au moment où le sentiment du danger qu'il court, n'a pas encore dissipé les vives émotions auxquelles il s'abandonnait. De ce même fer, encore rouge et fumant, l'infortunée comtesse est à l'instant transpercée : elle tombe inanimée sur cette couche naguère consacrée à de si doux plaisirs.

Le sire de Gozon, que cette double vengeance n'avait point encore apaisé, fit raser son château et le remplaça par une construction d'une architecture mauresque. La grosse tour avait la forme d'un minaret; sur les autres étaient des croissans et de grosses boules d'un métal brillant; les murs extérieurs étaient ornés d'énormes têtes de turcs.

La fin du treizième siècle vit de nouvelles guerres se rallumer en Artois. En 1295, les bourgeois de Béthune, secouant le joug des Flamands qui s'étaient emparé de ce pays, se mirent sous la protection de Robert. En 1302, de nouveaux troubles éclatèrent. Les Flamands dont l'armée était forte de 60,000 hommes, ayant à leur tête le comte de Namur, vainquirent Robert dans les plaines de Courtrai. Il y perdit la vie en s'élançant trop témérairement dans les rangs des ennemis qu'il combattait. Les Flamands, énorgueillis de cette victoire, se persuadèrent que les Français n'oseraient plus tenir devant eux; ils fondirent sur l'Artois: villes, bourgs, villages, tout fut dévasté et livré aux flammes. Les Français, au nombre de 80,000, se réunirent sous les murs d'Arras et livrèrent différens combats dont nos environs furent le théâtre. Ils remportèrent une victoire décisive en 1304 à Mons-en-Puelle.

Les contestations entre Mathilde et Robert son neveu, sur leurs droits au comté d'Artois, prolongèrent ces guerres, auxquelles vinrent prendre part les Anglais. La noblesse de l'Artois, mécontente du gouvernement de Mathilde et excitée par son compétiteur, se souleva. Robert se rendit maître de presque toutes les villes de l'Artois; bientôt après, abandonné par la noblesse, à l'approche des Français, il se soumit à la décision des Pairs de France. Un arrêt de 1318 confirma Mathilde dans ses droits; mais à quelques années de là, il attaqua cet arrêt en produisant de fausses lettres qu'une femme de mauvaise vie, la Divion, de Béthune, lui avait fournies : celle-ci fut condamnée au feu, et Robert exilé. Après avoir échoué dans une tentative d'assassinat projeté contre les jours de Philippe de Valois, Robert se retira auprès d'Edouard III, roi d'Angleterre qui, à son instigation, renouvela une guerre qui dura encore près de 120 ans. Notre pays fut saccagé sans relâche de 1305 à 1350.

En 1334 et 1348, Béthune soutint des siéges qui lui firent éprouver d'énormes pertes. Celui de 1348 dura trois semaines sans succès : les assiégeans furent forcés de se retirer.

De 1353 à 1368, ce ne fut encore qu'une suite de combats journaliers. En 1369 le duc de Lancastre étendit ses ravages de Calais jusqu'en Normandie: en 1273 son armée inondait encore nos plaines. Ce siècle s'acheva et le quinzième commença au milieu de ces guerres interminables Les traités de paix n'étaient que des trèves de très-courte durée. Les Flamands n'ayant pas voulu se soumettre à la domination de Louis de Male, se révoltèrent. Artevelle, à la tête de ses bandes, pénétra jusqu'en Picardie et fut repoussé par les Français. La bataille de Rosebecq en 1382 parut les avoir anéanties; mais, soutenus par les Anglais, les Flamands reprirent l'offensive, et ce pays continua d'être livré aux dévastations des deux partis. Sous les ducs de Bourgogne, il en fut de même: en 1414, le duc Jean assembla, sous les murs de Béthune l'armée qu'il porta au secours d'Arras assiégée. En 1419, nos environs furent infestés de bandes auxquelles on donna le nom de *Turlupins*, à cause de leurs retraites dans le fond des forêts. Ce fut à cette époque que Philippe, duc de Bourgogne, contracta avec les Anglais, alors maîtres de Paris, une alliance qui mit la France à deux doigts de sa perte.

La ligue du bien public, sous Louis XI, alluma de nouveau la guerre civile en ce pays. Ce prince employa la ruse et la force pour s'emparer de l'Artois. La prise d'Arras fut suivie de l'expulsion des habitans de leur ville. La résistance de St.-Omer provoqua, de la part de Louis XI à ses généraux, l'ordre *de faire si bien le dégat qu'on n'y retournât plus;* et cet ordre fut si bien exécuté, disent les historiens, *que les laboureurs virent piller et incendier leurs chaumières.*

Le sort des habitans de l'Artois ne fut pas moins malheureux sous le gouvernement des princes des maisons d'Autriche et d'Espagne. En 1478, les Français et Maximilien à la tête d'une armée de Flamands, d'Allemands et d'Anglais, combattirent sous Térouane. Cette guerre se continua sous Charles VIII.

En 1487, le maréchal d'Esquerdes, que ses succès et ses ruses de guerres ont rendu célèbre, tendit aux Flamands un piége dont la ville de Béthune fut l'occasion.

Par ses ordres, un archer français alla proposer au gouverneur de Lille de lui fournir les moyens d'enlever Béthune. Philippe de Clèves approuva le projet, et à la tête de trois mille hommes de troupes réglées auxquelles se réunit un corps assez considérable de gentils hommes, il se mit en devoir de l'exécuter. D'Esquerdes, averti de ce mouvement, se porta avec 500 lances sur leur chemin, et sortit de son embuscade après avoir laissé passer la première division qu'il tailla en pièces. Philippe de Clèves n'arriva que pour voir la fin du carnage, et ce prince dut chercher dans la fuite les moyens d'échapper lui-même à la mort. Cette action se passa à une demi-lieue de Béthune et fut appelée la journée *des fromages*, à cause, dit-on, du grand commerce que cette ville faisait alors de cette denrée; et, bien que depuis nombre d'années on ne connaisse même plus le fromage de Béthune, les géographies et les guides des voyageurs ne continuent pas moins de vanter l'excellence de nos fromages.

Le traité de paix qui eut lieu en 1493, laissa les villes d'Hesdin, d'Aire et de Béthune sous la garde du maréchal d'Esquerdes jusqu'à la majorité de l'archiduc Philippe. Ce ne fut que sous Louis XII que ce prince put rentrer dans la possession de ces villes.

La rivalité de Charles-Quint et de François Ier fut telle, que leurs règnes ne furent qu'une longue suite de guerres désastreuses.

En 1557, les remparts de Béthune étaient presque démantelés; les bourgeois les réédifièrent: Philippe II, successeur de Charles-Quint, ne fit qu'y contribuer au moyen de faibles sommes que la vente de quelques domaines lui procura. Sous ce prince, des dissensions religieuses troublèrent ce pays: les villes éprouvèrent le besoin de confédérations. La guerre éclata aussi entre la France et l'Espagne. Un historien qui écrivait à cette époque dit, en parlant de ce pays:

« C'est chose hideuse et pitoyable que de » voir ces régions de la frontière, où non » seulement tous les villages sont mis à feu » et à sang, mais bien encore où tout le pays » est ravagé, ruiné, détruit, sans qu'on y » puisse labourer, dénué qu'il est de bétail, » de maisons et de mains d'hommes, les » pauvres habitans épars çà et là, pourchassés et souvent occis avec pleurs et regrets » des femmes qui leur survivent. »

La guerre, commencée sous Louis XIII, pour la conquête de l'Artois, continua sous Louis XIV dont le règne ne fut encore qu'une longue série de combats.

En 1645, Béthune se rendit à Gaston, duc d'Orléans, qui l'assiégea. Son attaque avait été dirigée du côté ouest de la ville. Le 23 août, les Français, après avoir passé la Lys à Estaires et à Merville, parurent sous nos murs. La tranchée fut aussitôt onverte, les faubourgs de la porte Neuve et de Catorive enlevés. Peu après, les assiégeans s'emparèrent de quelques ouvrages extérieurs et d'une partie des fossés. Deux sorties consécutives ne réussirent pas à les déloger. Ne pouvant poursuivre leur attaque, sans se rendre maîtres d'une demi-lune, de laquelle ils étaient continuellement inquiétés, les Français s'en emparèrent, après avoir subi à découvert, dans leur attaque, tout le feu de la courtine, et après avoir éprouvé une courte mais vive résistance. Dès le 29, la ville était sommée de se rendre, et ce même jour la capitulation fut signée.

Les habitans désiraient vivement passer sous la domination française, et ce fut à raison de ces dispositions que le siége fut de si courte durée; car, bien qu'il n'y eût dans la place que trois cents hommes de troupes réglées et deux mille miliciens du pays, nouvellement enrôlés, il fut reconnu que la défense eût pu se prolonger pendant un mois.

L'année suivante, les Espagnols tentèrent de surprendre Béthune: ils y introduisirent cent hommes déguisés en femmes. Leur projet était de s'emparer de l'une des portes de cette ville et d'en livrer l'accès à l'armée espagnole; mais, craignant d'être découverts, ils se retirèrent avant l'arrivée de ceux qui devaient les aider dans cette entreprise.

Le 20 août 1648 eut lieu la bataille de

Lens. Condé partit de Béthune pour se rendre à La-Bassée, et de là dans la plaine de Lens. Il y trouva l'armée des Impériaux dont la droite s'étendait de Vermelles à Grenay et dont la gauche était postée entre Aix, Souchez et Vimy, trop forte par le nombre et sa position pour l'attaquer, alors surtout que l'armée française manquait d'eau et de fourrages, Condé se retirait, convaincu de l'impossibilité d'un combat avec quelques chances de succès, quand, pour repousser l'attaque des Croates et des Lorrains qui inquiétaient ses derrières, une portion de l'armée française se trouva engagée. Le désordre fut d'abord tel dans nos rangs, que Condé n'échappa que grâce à la bonté du cheval qu'il montait, après avoir vu son page blessé et pris à ses côtés. Cependant, il rallia l'armée entre Liévin et Lens et l'engagement devint général. Déjà les Impériaux, fiers des premiers succès de la journée, disaient que l'armée française ne pouvait leur échapper; mais leurs escadrons et leurs bataillons étaient bientôt après enfoncés et culbutés. Condé de sa personne, à la tête d'un régiment de cavalerie, avait exécuté douze charges contre l'ennemi. La déroute de l'archiduc Léopold fut complète; 4000 Impériaux restèrent sur place, 6000 furent faits prisonniers; 120 étendards, 38 pièces de canon et plusieurs généraux ennemis furent les trophées de cette victoire. Condé, harassé de fatigue, vint se reposer sous le seul arbre qui apparaisse dans cette plaine; et depuis, bien que remplacé sans doute plus d'une fois, cet arbre porte toujours dans le pays, le nom de Condé.

Sous la restauration, on a élevé au pied de cet arbre, un monument peu monumental, portant cette inscription:

C'est ici, grand Condé, qu'en ce combat célèbre
Où ton bras fit trembler le Rhin, l'Escaut et l'Èbre,
Lorsqu'aux plaines de Lens, nos bataillons poussés

Furent, presqu'à tes yeux, ouverts et renversés,
Ta valeur arrêtant les troupes fugitives
Rallia d'un regard leurs cohortes craintives,
Répandit dans leurs rangs ton esprit belliqueux
Et força la victoire à te suivre avec eux.

En 1710 Béthune fut encore assiégée par les Hollandais, sous le commandement du prince Eugène.

L'investissement de la place eut lieu le 15 juillet vers les trois heures de l'après-midi. Ce jour, par les ordres de Vauban, les faubourgs furent incendiés et les abords dégagés. Le lendemain, les assiégeans s'établirent à Beuvry, à Verquigneul, à Verquin, à Foucquières et à Hinges, et dans la nuit du 23 au 24, ils ouvrirent une tranchée depuis le bas chemin de Beuvry jusqu'aux *Houches*, en avant de la chapelle du Perroy. Le même jour, les assiégés attaquèrent les retranchemens de la sape. L'ennemi fut refoulé sur Beuvry, mais y ayant trouvé du renfort, il força la garnison à regagner la ville. Les batteries du cavalier et du bastion des récolets, de la porte d'Arras, du fort St.-Ignace et de la porte du Rivage ne cessèrent d'inquiéter les travailleurs.

Le 1er août, une nouvelle sortie fut tentée pour renverser une tranchée ouverte en avant de la porte d'Arras ; le 2, le château fut battu en brèche par cinq batteries de sept pièces chacune, établies dans le faubourg St.-Pry. Le trois, de nouvelles batteries furent desmasquées des tranchées du faubourg du Perroy et furent dirigées sur la porte d'Arras et le fort St.-Ignace. Le 8, les premières bombes furent lancées dans la ville: le bombardement continua jusqu'au 17. Les batteries ennemies, auxquelles répondaient celles de nos remparts, ne cessèrent de jouer nuit et jour.

Le 18, quatre ponts furent jetés sur l'avant-fossé de la demi-lune, derrière le château; le 20, cette demi-lune fut attaquée et enlevée après deux heures de résistance. Le 24, le bombardement recommença. La garnison tenait toujours son campement dans les chemins couverts des glacis, et les bourgeois bivouaquaient sur les remparts. Le 25, la brêche de la courtine du château, vis-à-vis de la demi-lune emportée le 20, et dans laquelle les assiégeans étaient parvenus à se loger, présentait une largeur de 50 à 60 pieds. Des ponts furent jetés et établis sur la brêche; la prise du château était d'autant plus imminente, que les assiégés avaient saigné les eaux de l'inondation de ce côté de la ville; le 28 seulement, à cinq heures du soir, la chamade fut battue sur la brêche. La canonnade et le bombardement cessèrent aussitôt; des ôtages furent échangés. L'attaque du côté de la ville, étant sans brêche au corps de la place, le commandant qui y défendait, refusa de capituler. Le bombardement recommença, mais une heure après, la chamade était aussi battue sur la porte d'Arras. Le 29, la capitulation fut signée; la garnison, réduite à 1500 hommes, se retira le 31 sur St.-Omer, avec armes et bagages, tambours battant, drapeaux déployés, deux pièces de huit et douze coups à tirer. Les Hollandais firent le lendemain leur entrée dans la ville. Ils l'abandonnèrent trois ans après, le 29 mai 1713, par suite du traité d'Utrecht.

Durant les guerres qui désolèrent ce pays, vers l'époque de ce dernier siége, le curé d'un village de nos environs eut recours, pour repousser l'ennemi qui envahissait sa commune, à un singulier moyen de défense. Un parti de 7 à 8,000 hommes s'était rué sur Vermelles, et se disposait à y mettre tout à feu et à sang. Les habitans, réfugiés dans l'église et dans le cimetière qui lui était contigu, n'attendaient leur salut que d'une intervention divine. Le curé, pénétré de cette maxime évangélique que pour être aidé, il faut commencer par s'aider soi-même, improvisa des défenseurs qui eurent l'honneur et la gloire de sauver la paroisse et les paroissiens. Au moment où fantassins et cavaliers se disposaient à escalader le mur du cimetière, il lança sur eux toutes les ruches des mouches à miel qui enrichissaient son jardin. Les abeilles, dans leur fureur et leur désespoir, s'en prirent à tout ce qui les environnait; elles aiguillonnèrent tant et si bien hommes et chevaux, que les uns et les autres se démenant, ceux-là voulant fuir et ne le pouvant, ceux-ci lançant des ruades et prenant les mors aux dents, la déroute fut complète ; il y eut un sauve-qui-peut général qui fut fatal à de nombreux et vaillans guerriers.

Nous trouvons dans les mémoriaux de cette ville, une ordonnance des échevins, à a date de 1624, qui nous apprend quelles étaient, en cas d'alerte, les dispositions de la milice bourgeoise. Elle était divisée en douze compagnies. Nous y lisons que la première compagnie occupait la portion de rempart depuis la porte de St.-André jusqu'à la Hobette; la seconde, celle qui s'étend depuis la Hobette jusqu'à la Belle-Image où se faisait la poudre à canon ; la troisième, de ce lieu à la porte des Fers; la quatrième, de la porte des Fers, au bastion derrière l'église des Cordeliers; la cinquième, de ce bastion à la porte de St.-Pry; la sixième, de cette porte à la tour du Diable au château; la septième, tout le circuit du château, depuis cette tour jusqu'à celle du Pavillon; la huitième, de cette tour à la porte du Marais ; la neuvième, de la porte du Marais à celle de St.-André.

Les arbalétriers devaient se tenir devant la halle échevinale, les archers, devant la gouvernance, les jouvenceaux, devant le château, et les canonniers, aux batteries de la grosse tour, de la porte des Fers, du bastion et du cavalier des Cordeliers, de la porte St.-Pry, de la tour du Diable, de la tour du Pavillon, du bastion de la porte du Marais, du bastion du Coulombier, derrière le moulin à vent, du bastion de la porte St.-André et de celui des Faucilles.

La *tour du Diable* dont parle cette ordonnance, était celle à l'orient: sous ses fondations étaient les oubliettes du château ; là se trouvait un profond et vaste souterrain taillé dans le roc, sans aucun jour et sans autre entrée qu'un étroit orifice, semblable à celui d'un puits, que recouvrait un énorme bloc de pierre qu'on ne pouvait mouvoir qu'au moyen d'un engin. On y enfermait ou plutôt on y enterrait tout vivans, ceux que la justice occulte du seigneur voulait atteindre. Si le malheureux captif ne trouvait dans son désespoir le moyen de se priver lui-même de la vie, il la voyait s'éteindre dans les longues et douloureuses tortures de la faim et de la soif. Cette inscription que le Dante place sur la porte de l'enfer, convenait également à une telle prison.

Lasciate ogni speranza, voi che'ntrate.

Ce lieu a vu le dénoûment de plus d'un drame: nous redirons l'un d'eux.

Non loin de Béthune, dans l'intérieur des forêts qui avoisinaient cette ville, sur le penchant d'une colline, au pied de laquelle serpentait un ruisseau, s'entrevoyait une humble chaumière dont le fugitif aspect, à travers le feuillage qui paraissait la dérober à tous les regards, s'offrait comme l'ombre légère au détour d'un vallon lointain. Qui n'eût pensé, en la découvrant, que ce devait être l'asile de la paix et du bonheur. Mais est-il un lieu sur la terre qui n'ait été témoin de quelque infortune?

est-il un cœur humain qui n'ait connu la douleur?

Là, vivait la jeune Berthe, adorée d'une mère aussi chérie que tendre. Sa touchante et grâcieuse beauté ne pouvait être comparée qu'à la candeur de son âme. C'était une fleur aux plus suaves parfums, aux plus délicates couleurs, qui s'entr'ouvrait, inaperçue, au milieu d'un désert. Berthe n'avait jamais franchi les limites de la forêt dans laquelle se trouvait sa modeste et solitaire demeure: c'était à peine si, du haut d'une colline, elle avait remarqué les flèches de quelques uns des clochers qui dominaient la ville voisine. Ce qu'était le monde au-delà de sa forêt, elle l'ignorait.

La solitude des deux habitantes de ce paisible séjour avait été, tout récemment, troublée par l'hospitalité de quelques instans, que leur humanité avait accordée à un jeune homme qui paraissait succomber aux fatigues d'une longue et rude journée de chasse, à travers les bois dans lesquels il s'était égaré. Le lendemain, il était revenu à la chaumière et c'était le plaisir de revoir et d'admirer cette naïve et candide jeune fille, qui l'y avait attiré cette seconde fois. Bientôt, ce fut l'amour le plus passionné qui l'y ramena chaque jour. Quelle ne dut pas être la puissance du brûlant langage du jeune étranger, délirant d'amour, sur l'esprit de Berthe, de Berthe dans l'âge où le besoin d'aimer est irrésistible, de l'innocente jeune fille qui, jusqu'à ce jour, n'a connu d'autre plaisir que celui de chérir sa trop confiante mère? Berthe, depuis quelques temps, n'était plus celle qui, le soir d'un beau jour, se plaisait à rêver si délicieusement un bonheur dont l'innocence de son cœur ne lui permettait même pas d'entrevoir l'objet. C'était le doux chant des oiseaux de la forêt, c'était leur dernier hommage au soleil qui disparaissait, c'était le plaintif murmure du ruisseau qui réfléchissait ses charmes, c'était l'épanouissement de la fleur qu'elle avait, avec soin, cultivée, qui, naguère, faisait palpiter son cœur. Maintenant une vague inquiétude l'agite: ces caresses maternelles qu'elle recherchait, qu'elle recevait avec tant de plaisir, elles provoquent chez elle des larmes; elle redoute, non moins vivement qu'elle l'a souhaité, le retour annoncé d'un frère qui a, dans de lointains climats, suivi la bannière de son seigneur.

Ce retour, qui devait être un jour de fête dans la chaumière, eut lieu, alors que deux fois le soleil s'était levé sans que Berthe eut reparu sous le toit maternel. Celui que la pensée d'embrasser une mère et une sœur chéries agitait si vivement, depuis qu'il avait revu les plaines de l'Artois, ne retrouva plus qu'une mère succombant aux mortelles atteintes de l'inquiétude. A peine put-elle lui apprendre les circonstances de la disparition de Berthe, qu'elle expira dans les bras de son fils, n'osant ni maudire ni bénir sa fille.

Cependant le jeune militaire n'avait pas partagé les doutes de sa mère; il n'avait pas voulu abreuver ses derniers momens de la déchirante pensée du déshonneur de Berthe. Ses sentiments comprimés n'avaient que plus vivement irrité son désir de vengeance: aussi, dès qu'il eut rendu les derniers devoirs à sa mère, fut-il tout entier à son vœu de l'assouvir. Ce qu'il savait, pour rechercher et pour découvrir l'objet de sa vengeance, était bien vague, il n'en parvint pas moins à acquérir la certitude que le jeune homme, dont les visites avaient cessé depuis la disparition de sa sœur, ne pouvait être que Conon, l'un des fils du seigneur de Béthune. Il a épié toutes ses démarches, il connaît le lieu, où mystérieusement Conon se rend chaque nuit. Que de fois, au détour d'une rue déserte, dans l'obscurité qui y régnait, il eut pu poignarder impunément celui dont il voulait se venger; mais telle n'est pas la vengeance qui doit le satisfaire. Il s'est procuré le moyen de pénétrer dans la maison où se cache sa sœur; il y a introduit quelques uns de ses compagnons d'armes; il leur a suffi de savoir qu'il comptait sur leur dévouement. Au milieu d'eux, se trouve un religieux, à qui l'on a dit qu'il s'agissait de consacrer l'union de deux personnes qui, au moment de paraître devant Dieu, voulaient effacer de leur vie le scandale d'un amour que n'avaient pas légitimé les bénédictions du ciel. Chacun doit se présenter au premier signal.

L'entreprenant jeune homme est maintenant dans la chambre où Conon et sa sœur reposent. Il les a tirés du sommeil dans lequel ils étaient plongés, et, faisant briller à leurs yeux un poignard, il leur a dit: Je veux, j'exige un *oui* pour toute réponse à la question qui va vous être faite, rien qu'un *oui*..... tout autre mot ou le silence.... c'est la mort. Et il a donné le signal convenu.

Les témoins et le religieux entourent la sombre alcove, dans laquelle est resté le vengeur de Berthe. Le religieux a fait l'interpellation sacramentelle; la réponse a tardée à se faire entendre, la pointe acérée du poignard, qui reposait sur la poitrine de Conon, y a fait sentir l'étreinte d'un mouvement de colérique impatience. Conon prononce le mot qui lui est ainsi imposé; sa tremblante amante l'a répété. Les témoins et le religieux se sont retirés : alors seulement, le frère de Berthe a cessé de compter avec son poignard les pulsations du cœur de Conon. Celui-ci peut respirer et demander ce que signifie cette scène....... C'est un homme qui a contraint le séducteur de sa sœur à réparer le déshonneur dont il a voulu la flétrir ; cette réparation, le fils d'un seigneur la devait comme tout autre: la pauvre Berthe est maintenant l'épouse légitime du fils aîné du comte de Béthune.... Berthe! s'écrie Conon, la malheureuse, dans son égarement, a mis fin à ses jours; celle que vous croyez votre sœur, oserai-je vous l'avouer.... Infâme, s'écrie à son tour le jeune homme, le cœur en proie au désespoir et à la rage, c'est la mère, c'est la fille que tu as tour à tour immolées ! Tes remords, tu en cherchais l'oubli dans les bras d'une femme dont l'infamie, sans doute, te fait rougir toi-même. Cette femme, elle est maintenant, aux yeux des hommes, ton épouse ; toi seul redirais la contrainte et l'erreur qui présidèrent à cette union....; meurs!... la mémoire que tu laisseras sous le nom de ta veuve me vengera, et de son poignard il lui a percé le cœur. Puis s'adressant à cette femme éplorée, qu'une scène de meurtre glace d'effroi, il lui dit: Rien désormais ne peut démentir la légitimité de ton union; c'est à la cour même du seigneur de Béthune que tu seras produite comme veuve de son fils.

Le lendemain, dans le château fort des comtes de Béthune, était introduite une jeune femme en habit de deuil; le frère de Berthe l'accompagnait et apprenait au père de Conon que son fils, poignardé dans une rixe, avait voulu, avant de mourir, donner le titre d'épouse légitime à celle qu'il lui présentait.

Ce seigneur, non moins atterré de la mort tragique de son fils que de son déshonorant mariage, pensa que le moyen d'assurer à jamais le secret de cette union, était de faire plonger dans les froides et silencieuses ténèbres des oubliettes de son château, les deux personnes qui pouvaient le révéler, et quelques ribauds furent recherchés pour le meurtre de Conon dont les funérailles eurent lieu avec pompe et magnificence.

Cependant le silence des deux nuits qui suivirent ces évènemens fut troublé par des cris lugubres qui provenaient de la plate-forme de la tour, sous laquelle étaient les oubliettes du château. Ces cris étaient sinistres. Généralement, on disait que c'était le spectre de Conon qui réclamait la juste punition due aux auteurs de sa mort violente. On chercha à apaiser ses mânes irrités, en condamnant et en exécutant immédiatement tous ceux que l'on avait soupçonnés de ce crime. Une troisième nuit ne fut pas moins troublée par des hurlemens qui, du haut de la grosse tour, se répandaient au loin d'une manière toute surnaturelle. Les plus braves en étaient épouvantés;

la crainte de veiller, la nuit, sur les remparts du château, les déterminait à déserter la bannière de leur seigneur. Celui-ci, dans cette fâcheuse extrémité, fit descendre quelques uns de ses serviteurs les plus affidés dans les oubliettes de son château; ils n'y découvrirent pas le moindre vestige des deux coupables qui, trois jours auparavant, y avaient été renfermés. Il fut impossible d'expliquer le mystère de leur disparition. Ces cris lugubres, qui s'étaient renouvelés pendant trois nuits consécutives, depuis la mort de Conon, et dont chacun à l'avance s'effrayait, cessèrent cependant dès la nuit suivante; mais, depuis lors, la tour qui recouvrait les oubliettes du château fort de Béthune, fut connue sous le nom de *Tour du Diable.*

www.ingramcontent.com/pod-product-compliance
Ingram Content Group UK Ltd.
Pitfield, Milton Keynes, MK11 3LW, UK
UKHW020140200726
13856UKWH00003B/780

9 782013 037457